제주국제학교 완벽 가이드

제주국제학교 완벽 가이드

지은이 월터 미티
펴낸이 임상진
펴낸곳 (주)넥서스

초판 1쇄 발행 2022년 8월 5일
초판 2쇄 발행 2022년 8월 10일

출판신고 1992년 4월 3일 제311-2002-2호
10880 경기도 파주시 지목로 5 (신촌동)
Tel (02)330-5500 Fax (02)330-5555

ISBN 979-11-6683-323-6 03370

www.nexusbook.com

한 권으로 끝내는

제주국제학교
완벽 가이드

치열한 입학경쟁률을 자랑하는
제주국제학교의 모든 것

• 월터 미티 지음 •

넥서스

노스런던컬리지에잇스쿨(NLCA)

브랭섬홀 아시아(BHA)

세인트존스베리아카데미(SJA)

한국국제학교(KIS)

　제주라는 천혜의 자연환경과 이국적인 분위기 속에서 우리 아이가 글로벌 인재들과 더불어 맘껏 끼와 재능을 키울 수 있는 곳. 막연한 설렘과 왠지 모를 낯섦이 공존하는 곳, 바로 제주국제학교입니다.
　저는 지난 몇 년간 제주국제학교 입학처에 근무하면서 다양한 예비 학부모와 많은 진학 상담을 진행했습니다. 이 과정에서 많은 학부모가 제주국제학교에 대한 정보를 어디서 찾아야 하는지, 이 정보가 과연 정확한 것인지 확인할 방법이 없어서 예상치 못한 어려움을 겪는 경우를 자주 보았습니다. 전체적인 입학 프로세스가 영어로 진행되고 문화적 차이가 존재하기 때문에 한국인 부모 입장에서는 디테일한 정보 접근이 어렵고 복잡하게 느껴질 수 있습니다. 그뿐만 아니라 입학처 인력도 소수로 운용되다 보니 깊이 있는 상담은커녕 업무

시간에는 연락조차 취하기가 어렵습니다(입학처 직원들은 학부모 상담 외에 학생 인터뷰, 캠퍼스 투어, 학생 서류 작업 등 기타 업무로 항상 바쁜 게 현실입니다). 상황이 이렇다 보니 예비 학부모들은 어쩔 수 없이 인터넷 카페나 블로그, 지인이나 재학생 학부모들의 입소문 등을 통해서 검증되지 않은 정보에 노출될 수밖에 없고, 이를 토대로 자녀 진학을 설계하다 보니 불필요한 수고와 시행착오를 겪으면서 쓰지 않아도 될 비용을 지불하는 경우가 허다합니다.

특히 코로나19 발생 이후 제주국제학교 입학 열기는 상상 이상으로 치열해지고 있습니다. 자녀의 건강과 안전 상의 이유로 해외에서 유학생이 꾸준히 귀국하고 있고, 국내에서도 일반학교의 수업 일수 부족 및 학력 저하, 외고나 민사고 등 특목고 폐지 논란 등 복합적인 요인이 동시다발로 작용하면서 최근 제주국제학교 인기는 그야말로 최고조입니다. 이러한 추세는 당분간 계속될 것으로 보이고 우수한 인재들이 제주로 모이면서 제주국제학교의 인지도와 선호도는 더욱 높아질 것으로 예상됩니다.

코로나19 발생 전과 비교해볼 때, 제주국제학교 학생 수는 기존 대비 30% 이상 증가했고, 지원자 수는 무려 500% 이상 증가하였습니다. 단기간 내에 국제학교 학생 정원을 증원하는 것은 불가능한 반면 국제학교 진학을 희망하는 학생과 학부모의 수요는 급격히 늘어

났기 때문입니다. 이로 인해 제주국제학교에 대한 정보가 부족한 학부모들의 고민은 더욱 깊어졌고, 입학시험을 준비하는 학생들도 높은 경쟁률로 합격에 대한 부담을 호소하고 있는 상황입니다. 주변의 지인이나 친구가 자녀를 국제학교에 보내거나 국제학교에 보내면 자녀 영어교육에 좋을 것이라는 막연한 기대로 국제학교 진학을 결정하게 되면, 학생과 학부모 모두에게 생각지도 못한 힘든 난관을 맞닥뜨릴 수도 있습니다. 특히 일단 자녀가 국제학교에 발을 들이는 순간 전학이나 진로 변경이 생각보다 쉽지 않기 때문에 학부모라면 반드시 입학 전에 아래의 질문에 대해 심사숙고하는 시간을 충분히 가져야 합니다.

첫째, 자녀를 해외 대학에 진학시킬 것인지 그냥 한국 대학에 진학시킬 것인지. 둘째, 자녀가 탐구심이 많고 스스로 찾아서 공부하는 자율적인 성향인지. 셋째, 부모의 교육 스타일은 어떠한지. 가령 학부모가 학업성적에 많은 관심을 기울이고 깊이 관여하는 스타일인지 아니면 비교적 성적과 무관하게 자녀 스스로 학습할 수 있도록 가이드만 주는 스타일인지가 중요합니다. 넷째, 경제적으로 지속적인 지원이 가능한지 여부입니다.

제주국제학교에 진학시키기 위해서는 매년 등록금 포함 최소 5천만 원 이상 소요되고, 국제학교 재학 기간과 해외 대학 유학비용까지 함께 고려해야 합니다. 실제로 자녀를 국제학교에 진학시킨 후 경제적인 어려움으로 마음고생하는 부모들이 꽤 있습니다. 이런 경우 자녀를 한국식 일반학교로 전학시켜야 하는데, 이미 자녀는 국제학교 커리큘럼과 분위기에 익숙해져서 한국식 입시교육으로의 전환이 어려운 경우가 종종 발생합니다.

앞서 언급한 주요사항에 대해 충분히 심사숙고한 후 의사결정을 했다면, 이제 제주국제학교에 대한 전반적인 이해와 커리큘럼을 확인하고 본격적인 입학준비에 돌입해야 합니다. 이 과정에서 학부모마다 각자 눈높이와 이해도가 매우 상이하기 때문에 맞춤형 접근이 필요합니다. 때로는 입학설명회만으로 충분한 학부모도 있고 또 어떤 학부모는 기본적인 지원 절차와 일정에도 당황해하기도 합니다. 물론 학교 입학처는 학생의 역량을 최대한 객관적으로 평가해서 학생을 선발하고자 하나, 분명한 사실은 학부모의 정보력과 대응 방법에 따라서 진학 결과가 달라지는 것도 엄연한 현실입니다. 올바른 정보를 토대로 지원 절차를 마치고 충분한 시간을 들여 진학을 준비한 학생과 비교해볼 때, 그렇지 못한 학생의 경우 본인의 역량이 뛰어남에도 잘못된 정보와 준비 부족으로 불합격 통지를 받거나 합격대기자가 되는 경우도 있습니다. 저는 입학처에 근무하면서 잘못된 방향과 정보 불균형으로 인해 좋지 못한 결과를 받은 학생들에게 세세한 도움을 줄 수 없어 항상 안타까웠습니다.

또 한 가지, 제가 국제학교 입학 업무를 하면서 느낀 바는 분명 국제학교가 선호하는 인재상과 학생 유형이 따로 있다는 것입니다. 유학원이나 사설 학원에서 1~2개월 입학시험을 준비한다고 해서 입시 결과가 크게 달라지지 않습니다. 영어를 유창하게 구사하거나 시험 점수만 높다고 해서 합격하는 것도 아닙니다. 무엇보다 부모가 생각하는 자녀의 모습과 입학 과정에서 바라보는 자녀의 모습은 크게 다를 수 있다는 사실을 인지하는 것이 중요합니다. 각 학교별로 선호하는 인재상과 자녀의 성향이 일치하는가에 대한 진지한 고민이 선행되어야만 자녀가 국제학교 입학 후에도 학교에 잘 적응하고 학업 성취도 좋습니다. 그렇지 못할 경우에는 자녀가 학교에 적응도 못하고 소중한 시간을 낭비하게 됩니다. 그리고 후회하는 순간에는 다시 한국학교로 돌아가기에도 너무 늦을 수 있다는 사실을 명심해야 합니다.

이런 취지에서 제주국제학교를 준비하는 학부모와 학생에게 국제학교 입학에 관한 보다 명확하고 현실감 있는 정보 제공이 꼭 필요하다고 생각했습니다. 부족하지만 이 책에 실린 정보와 내용이 제주국제학교 진학을 고민하는 학부모에게 등대와도 같은 작은 길라잡이가 되었으면 합니다. 더불어 제주도로 이주를 결정하는 학부모에게 도움이 되고자 PART 5에서 제주 영어교육도시의 생활 정보에 대한 소개도 함께 다루었으니 참고하면 좋겠습니다. 모쪼록 이 책을 읽는 모든 분의 건강과 행복을 기원하며, 특히 제주국제학교 진학을 꿈꾸는 자녀의 앞날이 밝게 빛나기를 기원합니다.

    마지막으로, 포기하지 않고 이 책을 계속 집필할 수 있도록 용기를 주신 Peter K.H, Lee에게 깊은 감사의 인사를 드립니다.

2022년 여름
월터 미티

차례

PART 3 제주국제학교 입학시험 준비

PART **4** 우리 아이에게 맞는
국제학교는 어디일까?

PART **5** 제주 영어교육도시에서
살아가기

부록 제주국제학교 사람들, 현장의 목소리

대한민국 상위 1%의 선택, 제주국제학교

대한민국 상위 1%,
이들은 왜 제주국제학교를 선택할까요?

코로나19 이후 전 세계적으로 부의 양극화는 갈수록 심해지고 있습니다. 금융자본주의, 시장경제체제 하에서 양극화 문제는 어제오늘의 문제는 아니지만, 코로나19 극복 과정에서 양극화 수준은 더 이상 과거 빈부격차의 수준을 훌쩍 뛰어넘고 있습니다. 바야흐로 초양극화 시대에 접어든 것입니다.

한국의 교육시장도 이러한 초양극화 문제에서 자유로울 수 없습니다. 자산 형성의 근본적인 욕구가 '부의 대물림'이라는 측면에서 어쩌면 교육시장이야말로 초양극화의 정점에 서 있다고도 볼 수 있습니다.

코로나19 이후 사회적 거리두기 기간 동안 일반학교의 경우 오프라인 수업이 사실상 중단된 반면, 국제학교 등 사립학교는 철저한 방역과 체계적인 커리큘럼 운영으로 대부분 정상수업이 이루어졌습니다. 이로 인한 국제학교와 일반학교 학생들 간의 학업 편차는 불 보듯 뻔합니다.

교육서비스의 초양극화 현상을 증명이라도 하듯, 최근 제주국제학교 인기는 정말 하늘을 찌를 듯합니다. 과거 유명 정치인, 연예인, 기업인 사이에서 입소문으로 번지던 제주국제학교의 인기는 코로나 이후 의사, 변호사 등의 전문직과 펀드매니저, 벤처사업가 등의 젊은 부자들 사이로 빠르게 퍼져 갔으며, 그 결과 제주국제학교의 입학 경쟁률은 두 자리수를 훌쩍 넘어 입학 대기자 수만 수십 명에 이르렀습니다.

그럼 과연 대한민국 상위 1%의 부자들은 왜 제주국제학교를 선택하는 것일까요?

대치동이나 목동과 같은 유명 학군지에서 자녀를 교육시킬 수도 있고, 조기 유학을 통해 자녀를 해외로 보낼 수도 있고, 아니면 서울 수도권 인근의 국제학교를 선택할 수도 있을 텐데 과연 무엇이 젊은 부자들을 제주국제학교로 끌어들였을까요?

2021년 9월 tvN에서 방영된 드라마 〈하이클래스〉의 배경지로 제주국제학교가 나오면서 제주국제학교로 세간의 이목이 집중된 적이 있습니다. 드라마 〈하이클래스〉는 제주국제학교를 배경으로 펼쳐지는 생활을 그려낸 드라마로 배우 조여정, 김지수의 열연 덕분에 시청률도 상당히 높았습니다. 특히 대한민국 상위 1% 엄마들이 선택한 럭셔리 초호화 학교로 제주국제학교가 그려지면서 국제학교에 대한 약간의 오해(?)를 불러일으키기도 했는데, 드라마 속 "요새 누가 대치동 가나요?"라는 대사는 실제 제주국제학교 학부모들 사이에서 공공연하게 회자되는 말이기도 합니다. 물론 드라마는 어디까지나 드라마이기 때문에 다소 과장된 부분이 없지 않지만, 실제로 제주국제학교 부모님들의 경제력이나 사회적 영향력은 상당히 높은 편이라고 할 수 있습니다.

요즘 제주의 '삼다도'라는 말은 바람, 돌, 여자가 많다는 뜻보다는 바람, 돌, 연예인이 많다는 뜻으로 통용될 만큼 제주에 정착하는 연예인이 많아졌습니다. 알고 보면 자녀를 제주국제학교에 보내기 위해 제주로 이주를 결정하는 연예인이 많습니다.

최근 방영된 JTBC 예능프로 〈용감한 솔로 육아〉에 가수 박선주 씨가 제주국제학교에 다니는 딸과 함께 출연하여 화제가 된 적이 있습니다. 방송 중에 딸 에이미 양은 제주국제학교를 천국이라 표현하며 학교에 대한 무한 애정을 드러냈습니다. 실제로 제주영어마을에는 박선주 씨뿐만 아니라 유명 영화배우, 프로듀서, 아나운서 등 많은 연예인이 자녀를 국제학교에 보내고 있고, 연예인뿐만 아니라 정치인, 기업가, 전문직 종사자, 펀드매니저 등 이름만 들으면 알 만한 많은 셀럽이 자녀를 제주국제학교로 보내고 있습니다.

유명 연예인이나 기업인, 정치인이 제주국제학교를 선택하는 이유는 더 이상 해외 조기유학이 과거처럼 원하는 성과를 가져다주지 못하고 있고, 비용과 효익 등을 따져봤을 때 제주국제학교를 선택하는 것이 더 유익하다고 판단하기 때문입니다. 특히 최근에는 주변에서 유학을 보낸 자녀가 외국생활에 적응하지 못하고 아이 혼자 외로움에 방황한다는 사정을 적잖게 듣습니다. 또한 해외 유학생 중에는 해외 대학 진학에 실패하거나 한국으로 다시 돌아와서 한국사회에 적응하지 못하는 경우도 심심찮게 발견합니다. 자녀가 해외 유명대학을 나왔지만 외국에서 취업을 하지 못하거나 한국에서조차 일자리를 찾지 못하는 경우도 상당합니다.

반면에 제주국제학교로 자녀를 보낼 경우 자녀가 최적의 교육환경에서 부모와의 정서적인 유대를 기반으로 안정적인 학창시절을 보낼 수 있습니다. 제주국제학교의 우수한 대학 입시 결과 또한 유명 셀럽들이 제주를 선택하게 하는 중요한 이유 중 하나입니다.

최근에는 자녀가 영어를 편안하게 구사하고 해외 대학에서 경험을 넓힌 뒤에 한국의 비즈니스에서 성공하는 것을 선호하는 트렌드도 있습니다. 더 이상 유창한 영어 능력만으로는 해외 대학 입시나 취업시장에서 성공할 수 없는 세상이기 때문에 조기유학보다는 제주국제학교를 선호하는 사례가 많아졌습니다.

제주국제학교를 다니는 학생의 일부는 상대적으로 유창한 영어 실력과 전략적인 입시 전략으로 국내 우수대학에 진학하는 목적을 가진 경우도 있습니다. 국제학교는 내신성적을 절대평가로 산정하기 때문에 제주국제학교에서 내신점수를 잘 받아서 국내 유명대학의 의대나 약대 혹은 SKY대학의 국제학부 등에 수시지원하여 대학에 합격하는 전략을 취하기도 합니다.

왜 제주국제학교에
보내야 하나요?

첫째, 제주국제학교는 국내에서 유일하게 내국인이 아무런 제한 없이 지원할 수 있는 국제학교입니다.

통상 국제학교 입학 지원조건은 매우 까다롭습니다. 외국 국적을 소지하고 있거나 해외에서 학교를 최소 몇 년 이상 다녀야 하는 등의 조건을 충족해야만 국내 국제학교에 지원할 수 있는 자격이 주어집니다. 하지만 제주국제학교는 이러한 조건에서 자유롭습니다. 외국 국적을 소지할 필요도 없고, 해외에서 체류해야 하는 조건도 없습니다. 국내에서 일반학교를 다니던 학생들도 누구나 자유롭게 지원 가능하며, 학교가 요구하는 일정 수준의 학력 테스트만 통과한다면 누구나 제주국제학교에 입학할 수 있습니다. 이렇게 내국인이 아무런 제한 없이 입학지원을 할 수 있는 국제학교는 한국에서 오직 제주국제학교뿐입니다.

둘째, 제주국제학교는 한국에서도 학력을 인정받을 수 있는 유일한 국제학교입니다.

제주국제학교 커리큘럼을 통해 해외 대학에도 지원할 수 있지만, 국내 학교 학력으로도 인정을 받을 수 있기 때문에 만약 학생이 국제학교 생활이 맞지 않거나 한국학교로 다시 돌아가기를 원할 경우 한국의 학교와 동일하게 학력을 인정받을 수 있습니다. 제주 외에 다른 국제학교는 국내 학력이 인정되지 않기 때문에 그만큼 선택의 폭이 좁아지는 데 반해, 제주국제학교는 해외뿐만 아니라 국내 학력으로 인정받을 수 있어서 다양한 선택이 가능합니다. 오직 제주국제학교에서만 가능한 장점이기 때문에 이러한 이유로 제주국제학교를 선택하는 경우가 많습니다.

셋째, 제주국제학교는 미국, 영국 공식 교육인증기관의 까다로운 인증 심사를 통과한 학교입니다.

국제학교라고 모두 같은 국제학교가 아닙니다. 해외 공식 인증기관에서 심사를 통과한 '인가된 국제학교'가 있는 반면, 이러한 인증심사 없이 운영되는 비인가 국제학교도 많습니다. 공식 인가를 받은 국제학교와 비인가 국제학교 간의 차이는 학교운영 시스템과 커리큘럼 외에도 해외 대학에 지원할 때 큰 차이가 있습니다. 쉽게 말해 대학에서 입학사정 시 대원외고나 민사고 등 정평이 난 명문학교에서 지원한 학생과 이름이 알려지지 않은 일반학교에서 지원한 학생 사이에 일정 수준의 차이를 두는 것과 비슷하다고 보면 됩니다. 현재 총 4개 제주국제학교의 경우 해외 공식 인증기관의 까다로운 심사기준을 모두 통과한 정통 국제학교이기 때문에 그만큼 학부모들이 신뢰하고 자녀를 보낼 수 있습니다.

넷째, 제주국제학교의 교사 수준은 세계 어느 국제학교와 비교해도 손

색이 없을 만큼 우수합니다.

제주국제학교 설립취지상 국제학교의 높은 경쟁력 유지를 위해 교원의 수준에 있어서만큼은 세계 최고를 유지하고 있습니다. 전체 교원의 석박사 이상 비중이 70% 이상을 유지하고 있고, 실제 티칭(Teaching) 경력도 최소 3년 이상의 교원만을 채용하는 등 제주국제학교는 철저하고 엄격한 교원 관리를 통해 수준 높은 교육을 시현하고 있습니다. 국제학교 교원 중에서도 최상위의 우수한 실력과 높은 도덕 수준이 검증된 교원으로만 선별 채용하고, 이들에 대한 아낌 없는 투자와 지원을 함으로써 최고의 교육 수준을 유지하고 있습니다. 그 결과 학생들의 교육 만족도 역시 당연히 높을 수밖에 없습니다.

다섯째, 제주가 가진 우수한 자연환경과 제주국제학교의 탁월한 시설규모를 빼놓을 수 없습니다.

누구나 한 번쯤 살아보고 싶은 아름다운 제주의 대자연 속에서 우리 아이가 세계의 인재들과 함께 최고의 교육을 받는다는 것은 상상만 해도 흐뭇한 일입니다. 특히 제주만의 친환경적인 교육환경은 도시에서는 할 수 없는 다양한 액티비티와 경험 학습을 가능하게 합니다. 게다가 제주국제학교는 시설 면에서 최고급을 지향하고 있고, 규모도 넓고 크기 때문에 도심의 소규모 국제학교와는 비교할 수 없을 만큼 환경이 윤택합니다. 넓은 운동장과 트랙 외에도 학교마다 실내수영장과 짐이 있고, 아이스링크가 있는 학교도 있습니다. 골프, 승마 등 각종 취미활동을 할 수 있는 장소와 기기가 상시 구비되어 있기 때문에 그야말로 마음만 먹으면 뭐든 배울 수 있는 최고의 교육 인프라를 제공합니다.

실제로 많은 학부모가 머뭇거리다가 학교 시설을 직접 둘러보면 흡족한 마음에 입학 결정을 내리는 경우가 많습니다. 그만큼 누구나 한 번쯤 다녀 보고 싶을 정도로 제주국제학교의 시설과 교육환경은 우수합니다.

여섯째, 제주국제학교는 다른 국제학교 대비 중고등 커리큘럼 및 대학 입시 지원 프로그램이 잘 갖추어져 있습니다.

소위 비인가 국제학교의 경우 주로 초등학교나 유치부에 중점을 두고 있는 편이라서 중고등 프로그램은 빈약한 경우가 많습니다. 실제로 이런 학교의 경우 중고등학교 학생 비중도 초등부에 비해 현저하게 떨어지기 때문에 학교에서도 이들에 대한 별도의 프로그램을 운영하기가 현실적으로 쉽지 않습니다. 반면 제주국제학교는 중고등학생 비중이 타 국제학교 대비 현저하게 높은 편이고, 학생들의 대학 진학관리를 위해 국내 대학과 해외 대학별로 각각 전문가를 진학상담 교사로 채용하는 등 입시 지원 프로그램을 체계적으로 운영하고 있습니다.

일곱째, 대학 입시 결과를 통해 제주국제학교의 높은 경쟁력이 입증되었습니다.

제주국제학교의 검증된 교육 커리큘럼과 우수한 교원 관리 및 전문적인 입시 지원 등에 힘입어 최근 제주국제학교 졸업생들의 해외 대학 입시 결과는 놀라울 정도로 향상되었습니다. 하버드, 예일, 코넬 등 아이비리그 대학뿐만 아니라 스탠퍼드, MIT, 유펜 등 각 분야의 최고 대학에서 합격 소식이 많아졌고 옥스퍼드, 케임브리지, LSE 등 영국 명문대학으로도 많은 학생이 진학하고 있습니다. 그뿐만 아니라 서울대, 연고대 등 국내 최우수대학으로도 합격생을 배출하는 등 국내외를 가리지 않고 우수한 입시 결과를 보여주고 있습니다.

최근 특목고, 자사고 폐지 소식과 함께 성적이 우수한 학생들이 제주국제학교를 지원하는 경우가 많아졌고, 우수한 학생들이 제주국제학교의 커리큘럼을 통해 해외 명문대학으로 진학하게 되면서 학교의 브랜드와 평판이 동반해서 올라가는 선순환 구조가 만들어지고 있습니다. 또한 제주국제학교에서는 내신 성적을 절대평가로 산정합니다. 한국의 고등학교 학생들보다는 상대적으로 유리한 내신 점수를 활용하여 의대나 약대 혹은 SKY대학의 국제학부 등에 수시 지원을 하여 대학에 합격하는 성과를 거둘 수 있습니다.

여덟째, 제주국제학교에서는 학생들이 친구들과 경쟁하거나 비교할 필요 없이 영어로 자유롭게 공부할 수 있습니다.

한국의 입시교육 시스템은 과도한 경쟁과 시험 위주의 학습을 강요하기 때문에 창의력이 높은 우수한 학생임에도 불구하고 학업성적이 나쁘거나 과도한 스트레스로 어려움을 겪는 경우가 많습니다. 이러한 입시교육환경에서 자녀가 교육받는 것을 싫어하는 학부모도 많고, 자녀가 마음껏 행복하게 학교생활을 했으면 하는 바람을 갖고 있는 학부모도 많습니다. 그렇다고 교육을 위해 자녀만 미국이나 캐나다, 호주 등으로 멀리 보내는 것이 싫은 부모들에게 제주국제학교는 최고의 대안이 됩니다.

제주국제학교에서는 프로젝트 위주의 절대평가 방식의 교육 커리큘럼을 운영하기 때문에 학업 분위기가 자유롭고 경쟁보다는 협업과 다양성을 강조하는 분위기입니다. 또한 학교 내의 모든 수업과 대화가 영어로 이루어지기 때문에 군이 해외에 보내지 않아도 영어에 익숙해지는 데 문제가 없습니다.

아홉째, 제주국제학교에서는 선별된 학생, 선별된 학부모로 구성된 커뮤니티를 통해 차별화된 인적 네트워크를 형성할 수 있습니다.

제주국제학교는 학부모가 재력이 좋다고 합격시키지 않습니다. 학생이 공부만 잘한다고 합격하는 것도 아닙니다. 학업성적 외에도 성품과 가치관을 종합적으로 평가해서 학생을 선발합니다. 아울러 학부모 인터뷰를 통해 부모의 교육철학을 검증합니다. 각각의 국제학교 교육철학에 학부모가 동의할 수 있는지 여부를 체크한 다음에 최종 합격여부를 판가름합니다. 이렇게 선별된 학생과 학부모들은 학업성적뿐만 아니라 교육철학과 비전, 가치관을 공유하게 되고, 국제학교에 걸맞은 높은 수준의 커뮤니티와 인재풀을 형성하게 됩니다. 교양과 재력을 갖춘 선별된 국제학교 커뮤니티를 통해 학생들은 평생을 함께할 인적 네트워크를 형성할 수 있고, 차별화된 피어그룹(Peer Group)을 통해 함께 성장하게 됩니다.

마지막으로 제주국제학교에 입학하면 유일의 글로벌 교육 특화도시 생활이 가능합니다.

미국의 케임브리지(하버드 인근), 영국의 옥스퍼드, 독일의 하이델베르그 등의 공통점은 세계 최고의 명문대학을 중심으로 형성된 교육 특화도시라는 점입니다. 한국에는 강남 대치동, 양천구 목동 등 학원이 많은 학군지는 있지만, 위 도시들처럼 교육으로 특화된 도시는 찾아볼 수 없습니다. 제주국제학교가 위치한 제주교육도시는 오직 국제학교만을 위한 교육특화도시라는 면에서 다른 어느 지역에서도 느낄 수 없는 면학 분위기와 안정감을 만끽할 수 있습니다. 실제로 제주교육도시에 들어오면 여기가 한국인가 싶을 정도로 이국적인 인상을 받을 수 있고, 실제 외국인도 많이 거주합니다.

아울러 주민 대부분이 학생과 학부모, 교원이기 때문에 학생들의 교육과 안전이 최우선시되는 분위기이며, 도시 자체가 젊고 생동감이 있습니다. 다양한 학생과 학부모 커뮤니티를 통해 서로 교육 관련 정보를 공유할 수 있고, 사교육을 위한 학원이나 유학원도 속속 입점하고 있습니다. 국내 어디서도 찾아볼 수 없는 국내 유일의 세계화된 교육특화도시, 그 중심에 제주국제학교가 있습니다.

제주국제학교는
어떻게 설립되었나요?

　　제주 영어교육도시는 2006년 노무현 정부 시절 재정경제부 주관으로 우리나라 최초의 교육도시로 기획되었습니다. 당시 자녀교육을 위해 희생하는 기러기 아빠들의 안타까운 사연이 사회적 문제로 대두되면서 해외 유학의 문제점이 부각되었습니다. 또한 학비와 생활비 송금 등으로 인한 외화 유출을 줄이고자 하는 정부의 경제적 의지도 제주 영어교육도시 설립에 중요한 명분이 되었습니다.

　　이후 이명박 정부가 들어서면서 국토해양부 주관으로 본격적인 제주 영어교육도시 개발이 시작되었습니다. 제주도 서귀포시 대정읍에 구역 지정을 시작으로 본격적인 개발 계획을 구체화했습니다. 당시만 해도 제주도 서남쪽 모슬포에 위치한 대정읍은 돼지농장과 곶자왈 숲만 무성한 동네였습니다. 모슬포의 이름이 '못살 곳(살기 어려운 동네)'이라는 뜻에서 지어졌다고 할 정도로 열악했던 모슬포 대정읍이 바야흐로 글로벌 영어교육도시로

변신하게 됩니다.

대정읍에 영어교육도시 건설을 위한 부지가 조성되자, 2011년 드디어 영국 최고의 명문 학교인 NLCS(North London Collegiate School)와 YBM 에서 운영하는 KIS(Korea International School)가 개교합니다. 이어서 이듬 해 캐나다 토론토의 명문 여학교인 BHA(BranksomeHall Asia)가 문을 열고, 마지막으로 2017년 미국 동부버몬트에 위치한 사립 명문학교인 SJA(Saint Johnsbury Academy)가 설립됨으로써 현재의4개 제주국제학교가 자리잡게 됩니다(현재 추가로 3개의 국제학교 신규 유치가 논의 중에 있습니다).

정부의 특별법 제정으로 설립된 제주 영어교육도시의 제주국제학교는 내국인의 입학에 제한이 없으며 국내외 학력을 모두 인정해줍니다. 따라서 한국에서 내국인 입학 비율이 100% 가능한 국제학교는 제주국제학교가 유일합니다.

2022년 제주국제학교 4곳은 명문 국제학교로서 확고한 자리매김을 하였고, 제주 영어교육도시는 교육과 주거, 천혜의 자연환경이 어우러진 살기 좋은 동네, 국내 유일의 교육특화도시로 발전하였습니다. 제주 영어교육도시는 교육에 유해한 모든 환경으로부터 학생들을 보호하고 있으며, 오로지 학생들이 학업에 집중하고 자유롭게 학습할 수 있도록 최고의 면학 분위기를 조성하고 있습니다. 더불어 바다로 둘러싸인 제주의 아름다운 자연환경을 통해 학생들은 스쿠버다이빙, 요트, 승마, 골프, 카약 등 다양한 스포츠 레저 활동을 즐길 수 있습니다. 또한 영어마을 어디든 한라산과 산방산 조망이 가능하며, 푸른 제주 남쪽 바다의 맑은 공기를 누릴 수 있습니다.

국제학교 이해하기

국제학교와 외국인학교는
어떻게 다른가요?

　　자녀를 국제학교에 진학시키기로 결정했다면 가장 먼저 국내에 어떤 국제학교가 있는지부터 검색하게 됩니다. 인터넷에 '국제학교'를 검색하면, ○○국제학교 혹은 ○○외국인학교가 뜹니다. '국제학교'와 '외국인학교'는 언뜻 비슷해 보이지만 각 학교별로 입학할 수 있는 자격에는 상당한 차이가 있습니다. 또한 학교 이름만으로 국제학교와 외국인학교를 쉽게 구분할 수도 없기 때문에 사전에 각별한 주의가 필요합니다. 그럼 국제학교와 외국인학교의 법령에 의한 정의와 각 학교별 입학 조건 및 두 학교의 차이점에 대해 알아보겠습니다.

　　우선 국제학교는 한국 초·중등교육법에서 구분하는 학교 유형에 포함되지 않는 외국 교육기관에 해당되며 내국인의 입학 제한이 없습니다. 반면 외국인학교는 초·중등교육법 상의 각종 학교에 포함되며 학생이 외국 국적자이거나 3년 이상 해외 거주한 경우에 입학이 가능합니다. 예외적으로

부모 중 한 사람이 국내에 거주하는 외국 국적 소유자인 경우도 입학이 가능합니다.

국제학교와 외국인학교의 가장 큰 차이점은 외국인학교는 국내 학력으로 인정되지 않지만, 국제학교는 국내 초·중·고 졸업자와 동등한 학력이 있는 것으로 간주된다는 점입니다. 외국인학교와 국제학교의 교육과정은 전반적으로 비슷하고, 국제학교는 국내 학력인증도 받을 수 있다는 확실한 장점이 있습니다.

국내 주요 국제학교와 외국인학교는 다음과 같습니다.

▶ 국내의 국제학교

- Chadwick(채드윅 국제학교, 송도)

- North London Collegiate School JEJU(NLCS, 노스런던컬리지에잇스쿨 제주)

- BranksomeHall Asia JEJU(브랭섬홀아시아 제주)

- St. Johnsbury Academy JEJU(세인트존스베리아카데미 제주)

- Korea International School(한국국제학교, 제주)

▶ 국내의 외국인학교

- Seoul International School(서울국제학교, 성남시 수정구 복정동)

- Seoul Foreign School(서울외국인학교, 서울 서대문구 연희동)

- Yongsan International School of Seoul(서울용산국제학교, 서울 용산구 한남동)

- Korea Kent Foreign School(한국켄트외국인학교, 서울 광진구 구의동)

- Dwight(서울 드와이트학교, 서울 마포구 상암동)

국제학교는 모두
교육부 인증을 받나요?

외국인학교와 국제학교의 차이점 확인 후, 국제학교로 지원하려 한다면, 다음으로 자녀가 지원하려는 학교가 인증된 국제학교인지 여부를 반드시 확인해야 합니다. 국내의 국제학교 중에는 생각보다 비(非)인증 국제학교가 상당하기 때문입니다. 따라서 자녀가 지원하는 국제학교가 교육부 인증을 받은 인증 교육기관인지 반드시 확인해야 합니다.

인증된 국제학교는 정부의 인허가를 받아 정식 교육기관으로 인정받은 학교입니다. 따라서 교육부에 신고 의무가 있으며, 교육청의 요구사항에 성실히 응해야 합니다. 교육부의 인증을 받았다는 것은 학교가 갑자기 폐교가 되거나 학사일정이 불시에 변경되는 위험 등이 사실상 없다는 의미이기도 합니다. 일반적으로 교육부 인증을 받은 국제학교는 학교 부지도 넓고 시설도 매우 우수합니다.

그뿐만 아니라 한국의 초·중·고 학력을 인정해주기 때문에 국내 대학에 진학할 시 검정고시를 따로 볼 필요가 없습니다. 물론 국제학교와 국내 학교의 교과과정이 완전히 다르기 때문에 수능 시험은 개별적으로 준비가 필요합니다.

이에 반해, 비인가 국제학교는 말그대로 정부의 인·허가를 받지 않은 학교입니다. 비인가 학교는 교육청에 최소한의 신고 의무만 있습니다. 따라서 비인가 국제학교는 재정이 어려워지거나 예상치 못한 경영상의 이유에 의해 학교가 갑자기 폐교되거나 교과과정이 변동될 위험이 있습니다. 또한 비인가 국제학교의 경우 학교 시설이나 규모가 크지 않아서 건물 한 동에서 수업이 진행되거나 체육 시설 등이 상대적으로 빈약한 경우가 많습니다. 즉, 비인가 국제학교는 인증된 국제학교에 비해 학생들의 학업 안정성이나 학교의 경영 안정성 측면에서 다소 리스크가 있습니다.

국내에서 정식으로 인가받은 국제학교에는 Chadwick(송도), NLCS(제주), BHA(제주), SJA(제주), KIS(판교, 제주), DIS(대구) 등이 있습니다. 이들 학교는 한국 국적 소지 학생의 경우, 재학 기간 동안 국어와 사회 수업을 반드시 들어야 합니다.

IB 스쿨과 AP 스쿨,
어떤 학교를 선택해야 하나요?

국제학교의 교육 프로그램은 크게 두 가지로 분류할 수 있습니다. 통상 IB 프로그램이라고 하는 'International Baccalaureate'와 AP 프로그램이라고 하는 'Advanced Placement'입니다. 만약 국제학교에서 IB 프로그램을 도입하면 'IB 스쿨'이라고 부르고, AP 프로그램을 도입하면 'AP 스쿨'이라고 합니다.

IB 프로그램은 스위스 제네바에서 국제 대학 입학 자격시험의 일환으로 시작되었습니다. IB 스쿨의 학생들은 IB 프로그램의 정형화된 커리큘럼을 이수하고 IB 시험을 보게 됩니다. 시험은 매년 5월에 진행되고 시험 결과는 7월에 확인 가능합니다. IB 시험의 주요 과목은 6개이며 각 과목당 만점은 7점입니다. IB 시험의 최고점수는 45점이고, 학생들은 최소 24점 이상을 취득해야만 IB 디플로마 학위를 받을 수 있습니다. 만약 시험에서 24점 이상을 취득하지 못하면 학위 대신 수료로 기록됩니다.

컬럼비아 빈 스타디움의 아이비리그 깃발 ⓒ Wikimedia Commons

IB 학교는 학생들의 학업 부담도 크고, 경제적 비용도 상당히 많이 듭니다. 또한 국제학교는 IB 과정을 가르칠 수 있는 자격을 보유한 교사를 반드시 고용해야 합니다. 일반적으로 IB 프로그램을 가르칠 수 있는 교사의 자질이나 연봉이 높기 때문에 IB 학교의 학비는 상당히 비싼 편입니다. 그러나 미국에는 실제로 IB 프로그램을 운영하는 사립학교가 많지 않습니다. 미국의 하버드, 프린스턴, 코넬 등 IVY 대학에서 IB 시험 점수를 인정해주고 있으나 AP 시험 점수도 제출 가능하기 때문입니다. 따라서 IB 프로그램은 특히 유럽이나 캐나다에 있는 대학으로 진학을 원하는 학생들에게 좀 더 적합하다고 볼 수 있습니다.

AP 프로그램은 학생들이 자신이 원하는 과목을 선택하여 대학 수준의 수업을 수강하고 과목별 AP 시험을 보는 시스템입니다. AP 시험은 College Board에서 주관하고 있으며 매년 5월에 시험이 있습니다. 이 시험의 최고점은 5점이고, 통상 좋은 대학에 지원하기 위해서는 4점 이상을 받아야 합니다.

AP 학교에서는 학업 성취도가 높은 학생들이 AP 프로그램 과목을 직접 수강 신청하여 이수할 수 있습니다. AP 학점을 이수한 학생들은 진학한 대학에서도 해당 과목의 학점을 인정받을 수 있어서 대학 조기졸업도 가능합니다. AP 학교는 IB 과정과 마찬가지로 AP 과정을 전문적으로 가르칠 수 있는 자격을 갖춘 교사를 고용해야 합니다. 미국의 많은 사립학교에서 AP 프로그램을 선택하고 있는데, 이는 학생들이 미국의 IVY 대학 진학 시 AP 시험 점수 제출이 가능하기 때문입니다. 따라서 특히 미국 대학 진학을 원하는 학생에게 적합한 프로그램이라고 볼 수 있습니다.

IB 프로그램과 AP 프로그램에 대해서 이해되었다면, 이제 자녀를 IB 학교에 보낼지, AP 학교에 보낼지 선택해야 합니다.

만약 초등학교와 중학교에 다니는 자녀를 두었다면 IB 학교와 AP 학교 선택의 차이가 크지 않을 수 있습니다. 따라서 자녀의 성향과 지원하는 국제학교의 교육 철학을 파악하여 자녀에게 적합한 학교를 선택하면 됩니다. 그러나 자녀가 대학입시를 준비하는 고등학생이라면 학교 커리큘럼과 지원 대학까지 고려해서 국제학교를 선택해야 하기 때문에 IB 학교와 AP 학교 중 어디를 보낼지 신중하게 고민해야 합니다.

국내의 IB 학교와 AP 학교는 다음과 같습니다.

▶ IB 프로그램 국제학교

- Seoul Foreign School(서울외국인학교)

- North London Collegiate School JEJU(NLCS, 노스런던컬리지에잇스쿨 제주)

- BranksomeHall Asia(BHA, 브랜섬홀 아시아, 제주)

- Chadwick International School(채드윅 국제학교, 송도)

▶ AP 프로그램 국제학교

- Yongsan International School of Seoul(서울용산국제학교, 서울 용산구 한남동)

- St. Johnsbury Academy(세인트존스베리아카데미, 제주)

- Korea International School(한국 국제학교, 제주)

국제학교에 근무하는 교사는
어떤 분들인가요?

많은 학부모가 국제학교에 근무하는 교사에 대해 궁금해합니다. 어디 출신인지, 학력과 전공은 무엇인지, 성별과 나이 구성은 어떠한지 등등. 하지만 국제학교에서 제공하는 교사들의 출신과 학력 등에 관한 정보는 사생활 정보에 해당하는 경우가 많아서 정보 공개는 매우 제한적인 경우가 많습니다.

다만 일반적으로 국제학교 교사들의 구성을 간단하게 살펴보면 다음과 같습니다.

국제학교에서 근무하는 교사들은 대부분 미국, 캐나다, 호주, 영국, 뉴질랜드, 남아프리카 등 주로 영미권 혹은 영어를 모국어로 사용하는 코먼웰스(Commonwealth) 국가 출신입니다. 북미 혹은 아시아 국제학교에서 근무한 경력을 가지고 있는 경우가 많습니다. 교사별로 근무 기간과 경력 그리고 석사학위 여부가 상이하기 때문에 교사 채용 시 매우 신중하게 채용 절차와 연봉 협상이 진행됩니다.

대부분 국제학교의 경우 검증된 에이전시를 통해 교사를 채용합니다. 에이전시에서는 교사들의 경력, 배경, 학력 등의 진위 여부를 철저히 검증하며, 교사가 과거에 근무했던 학교의 교장 및 동료 교사의 평가와 추천서 등을 통한 레퍼런스 체크를 엄격하게 진행합니다.

또한 국제학교는 일반 과목의 교사와 더불어 IB와 AP 과목을 가르칠 수 있는 교사를 별도로 채용합니다. IB와 AP 과목을 가르칠 수 있는 자격을 보유한 교사들은 연봉도 높고 복지와 처우 조건도 일반 교사에 비해 좋은 편입니다. 국내의 국제학교들은 대부분 최소 석사 학위 이상의 고학력 교원들을 채용하고 있어 석사 이상 교원 비율이 70% 이상 유지되고 있습니다.

제주국제학교의 경우 'Search Associate'라는 세계적으로 검증된 글로벌 채용 사이트를 통해 교사를 모집합니다. 국제학교 교원 시장에서도 제주국제학교의 평가는 전반적으로 좋은 편입니다. 특히 제주국제학교는 능력과 경력을 겸비한 교사들에게 비교적 높은 연봉과 다양한 복지를 제공하는 편입니다. 이로 인해 제주국제학교의 교사 수준은 세계적으로도 경쟁력이 있다고 할 수 있습니다.

국제학교 학생들도
국내 대학에 진학이 가능한가요?

    국제학교는 학생의 90% 이상이 해외 대학으로 진학합니다. 국제학교의 커리큘럼과 대학입시 준비 과정이 해외 대학 진학에 집중되어 있는 것은 사실입니다. 그러나 국제학교의 10% 내외의 학생들은 국내 유명 대학에 진학하기 위해 준비하며, 우수한 성과를 보이고 있습니다. 특히 2019년 코로나19 이후에는 국제학교에서 성적이 우수한 학생들도 해외 IVY 대학보다 국내 대학을 선호하는 경향이 나타나고 있습니다.

    국내 대학 진학을 희망하는 국제학교 학생들은 수능전형과 수시전형 중에서 수시전형을 선택하여 준비합니다. 국제학교의 교과과정은 국내 고등학교와 차이가 있으며, 수업 방식도 상이합니다. 그 때문에 국제학교 학생들이 별도로 수능 시험을 준비하는 것은 효율적이지 않을 수 있습니다. 국내 대학의 수시전형은 학생부 종합전형과 논술전형으로 구성되는데, 내신 성적인 GPA 점수가 우수한 학생들은 학생부 종합전형을 선택하고 있습니다.

국제학교의 학생들이 국내 대학 수시전형에 지원할 수 있는 시기는 매년 8월 이후입니다. 국제학교는 국내 학교와 달리 매 학기가 8월에 시작하여 학사 과정이 반 년 정도 늦게 끝납니다. 즉, 국제학교의 학생들은 6월에 고등학교를 졸업한 후에 국내 대학 입시 전형을 시작하게 되는 것입니다. 때문에 국제학교 학생들은 해외 대학에서 이미 합격 소식을 받은 후에 국내 대학 입시를 준비하게 됩니다.

다음으로 국제학교 학생들이 국내 대학의 지원 가능한 학과는 대학별로 차이가 있으나 대부분의 학과에 지원 가능합니다. 국내 대학의 의대와 약대는 지원 가능하며, 교대와 예체능 관련 학과는 지원이 불가능하니 유의해야 합니다. 대다수의 국제학교 학생들은 국내 대학의 국제학부에 지원하여 좋은 결과를 얻고 있습니다.

국내 대학의 수시전형에 지원하는 경우 국제학교 학생들은 5개 정도의 국내 대학에 지원하게 됩니다. 국제학교의 내신 성적인 GPA 점수는 절대평가 방식이므로, 학생이 국제학교 수업을 충실하게 이수한다면 대부분 좋은 성적을 받을 수 있습니다. 따라서 국제학교 학생들은 고등학교 재학 기간 동안 GPA를 잘 관리하여 학생부종합전형으로 국내 대학에 지원하여 좋은 결과를 얻고 있습니다.

국제학교의 진로지도 교사들은 국내 대학의 입시전형을 면밀히 파악하여 학생들이 원하는 국내 대학의 학과에 지원할 수 있도록 돕고 있습니다. 매년 변경되는 대학의 입시 제도를 업데이트하고 대학들의 입학처에서 진행하는 세미나 등에 적극적으로 참여합니다. 또한 국내 대학 수시전형의 학생 추천서를 담당하고 있습니다.

서울대학교 정문 ⓒ Wikimedia Commons

　　최근 제주국제학교 졸업생들은 서울대학교, 연세대학교, 고려대학교, 카이스트 등 국내 우수 대학에 진학하는 성과를 보였습니다. 국제학교 학생들은 유창한 영어 실력을 기반으로 국내 우수 대학에 진학하여 향후 커리어를 개발하고자 합니다.

09

해외 대학 진학 준비는
어떻게 하나요?

국제학교 고등학교의 재학 기간은 9학년부터 12학년까지로 4개년입니다. 국제학교 학생들은 한국의 고3과 달리 고2에 해당하는 11학년에 사실상 모든 입시 준비를 마치게 됩니다. 따라서 국제학교의 11학년 학생들은 진학하고자 하는 대학 전공과 관련된 AP 혹은 IB 점수를 취득하고, 5월에 미국의 수능에 해당하는 SAT 시험을 보게 됩니다. 시험에서 원하는 점수를 취득한 12학년이 9월 이후 원하는 해외 대학에 지원서를 제출하면 익년 3월 전에 합격자 발표가 납니다. 대학의 첫 학기는 8월에 시작됩니다(국제학교 학생들은 6월에 졸업합니다).

해외 대학 지원 시 필수 항목은 다음과 같습니다.

- GPA(내신 성적)
- AP 혹은 IB 점수

- ESSAYS(학업 관련 에세이)

- Teacher Letters of Recommendations(교사 추천서)

- College Counselor Letters of Recommendations(대학 진학 카운슬러 추천서)

- Community Service(지역 봉사 활동)

국제학교 학생들은 재학 중 원하는 대학 진학을 위한 GAP(내신성적) 점수를 잘 관리해야 합니다. 또한 토플 점수 등의 공인 영어 점수를 미리 확보해두는 것이 좋습니다. 학생들은 진로지도 교사를 정기적으로 만나 상담을 받고, 보완하고 더 발전시켜야 할 항목에 대해서 체크하는 것이 좋습니다.

하버드대학교 미술관 내 아트리움 ⓒ Wikimedia Commons

국제학교는 해외 유명 대학들의 입시 설명회를 국내에 유치하고 있습니다. 따라서 학생들이 적극적으로 해외 대학 입학 설명회에 참여하여 정보를 얻고 입시 계획을 세우는 데 용이합니다. 궁금한 사항이 생길 때는 진학을 원하는 해외 대학 입학처에 이메일로 직접 문의하는 것도 도움이 됩니다.

국제학교 학생들은 보통 14개 정도의 해외 대학에 지원하는 것이 일반적입니다. 진로지도 교사들이 학생 개인별로 추천서를 작성하여 지원 대학에 제출해야 합니다. 즉 시간적·물리적 제약으로 국제학교에서는 지원할 수 있는 대학의 수를 제한하고 있습니다.

해외 대학들은 학생이 제출한 여러 항목에 대해 종합적으로 평가하는 편입니다. 학생들의 GPA 성적과 SAT 점수뿐만 아니라 수상경력과 경시대회 참여 등의 항목도 입학 사정에 중요한 요소가 됩니다. 따라서 국제학교 학생들은 9학년부터 진로지도 교사와 정기적인 만남을 가지고 다양한 활동에 참여하는 등 대학 진학에 필요한 항목들을 차근차근 준비하게 됩니다.

국제학교 학생들도
사교육을 받나요?

　　학부모가 자녀의 국제학교 진학을 결심하는 이유 중 하나는 사교육 때문입니다. 학원으로 지친 아이들이 안쓰럽고 국내 대학 입시의 긴 여정이 마음에 들지 않아서 국제학교를 대안으로 선택합니다.

　　자녀가 국제학교로 진학한 후, 대부분의 학부모는 자녀가 흥미를 느끼는 분야를 스스로 찾아서 차근차근 역량을 개발할 수 있기를 원합니다. 하지만 이런 마음을 지속하는 것은 사실 쉽지 않습니다. 국제학교에 다니는 많은 학생이 방과 후 영어, 수학 등의 학원으로 이동하고, 방학을 이용하여 강남의 IB 학원, SAT 대비반 등에 다니기 때문입니다. 여간해서는 학부모가 자녀를 믿고 교육적 소신을 유지하는 것이 어려운 것 같습니다.

　　초기에는 제주 영어교육도시에서 학원이나 과외를 구하기가 어려웠습니다. 그래서 제주국제학교 학생들은 비교적 사교육에 덜 의존할 수 있었고, 학교 프로그램을 믿고 따라갔습니다. 그러나 최근에는 다양한 학원과 해외 대학 입시 준비를 위한 컨설팅 업체들이 줄지어 생기고 있습니다. 그렇다 보니 방과 후 학원으로 내몰리는 학생들이 점차 증가하고 있는 것이 현실입니다. 방과 후 저녁 시간에는 학부모들의 자동차 행렬로 학원 상가 앞이 분주합니다.

국제학교의 교사들은 한결 같이 사교육의 부작용이 상당히 크다고 한목소리로 말합니다. 교사들은 학원 수업으로 지친 학생들이 학업적 흥미를 완전히 잃어버린 경우도 자주 보게 된다고 합니다. 학생들 역시 학교의 프로젝트나 활동에 대한 관심과 열정이 수그러들 수밖에 없습니다. 자녀의 진학을 국제학교로 결정했다면, 자녀가 혼자 공부하는 습관을 가질 수 있도록 인내심을 가지고 지켜볼 수 있어야 합니다.

국제학교의 초등과 중등 과정은 학생들이 다양한 프로젝트를 통해서 자신의 관심 분야를 찾을 수 있는 중요한 시간입니다. 이후 고등 과정에서는 학생이 진학할 대학과 전공에서 필요한 과목과 시험을 준비할 수 있게 됩니다. 학생 스스로 공부하는 습관이 잘 형성된 경우에는 대학 입시 결과도 좋습니다. 대학 진학 후에도 학생들이 중도에 학업을 포기하는 일이 적습니다. 학원에 의존하여 대학에 진학한 학생들은 스스로 공부하는 방법을 찾지 못해 중도에 대학을 포기하거나 국제학교 졸업을 못하기도 합니다.

국제학교의
학비 수준은 어떤가요?

국제학교 학비는 어느 정도일까요? 자녀를 국제학교에 보내 겠다고 마음을 먹는 순간 가장 걱정되는 부분이 학비가 얼마인지, 경제적으로 부담이 가능한지 여부입니다. 국제학교에 다니는 동안 예상되는 학비와 생활비 등을 모두 감안한 후에 지원해야 중간에 예기치 못한 문제를 피할 수 있습니다. (실제로 경제적인 이유로 국제학교를 중도에 포기하는 경우도 자주 발생합니다.)

국내에서 인가받은 국제학교를 기준으로 대략적인 학비는 다음과 같습니다.

2021년 기준으로 연간 소요되는 등록금은 초등학생 3,800만 원, 중학생 4,000만 원, 고등학생 4,500만 원 수준입니다. 이외 기숙사 비용은 별도로 납부합니다.

통상 국제학교 학비는 원화(KRW)와 외화(USD)로 나눠서 청구됩니다.

원화와 외화의 학비 비율은 학교별로 상이한데, 보통 원화 60%, 달러 40% 수준의 비율로 청구되고 있습니다. 이는 국내 국제학교의 경우 학교 운영비 등은 원화로 결제하는 반면, 외국인 교사 급여는 달러로 지급되기 때문입니다. 즉, 국제학교에서는 통화에 따른 환위험을 등록금 청구 비율 조정을 통해 헤지(hedge)하고 있다고 보면 됩니다.

위의 연간 학비를 기준으로 볼 때, 만약 초등학생 자녀를 대학 진학할 때까지 국제학교에 보낸다고 가정하면 대략 총 소요되는 등록금만 5억 원 정도로 추산할 수 있습니다(연간 2,500만 원의 기숙사비는 별도).

간혹 경제적인 이유로 자녀를 한국학교로 전학 보내야 하는 경우, 자녀가 겪는 학업의 어려움은 상상 이상으로 클 수 있습니다. 특히 자녀가 중학생 이상일 경우 국제학교에서 수업을 받다가 한국식 수업에 적응하기는 무척 어렵습니다. 국제학교 프로그램은 한국의 교과과정과 완전히 다르고, 수업 방식 및 학습 방법에도 현격한 차이가 있기 때문입니다.

또한 국제학교는 장학 제도를 거의 운영하고 있지 않으며, 간혹 있다 하더라도 형식적인 경우가 많습니다. 따라서 자녀의 국제학교 진학은 학비를 포함한 연간 비용 등을 신중하게 고민한 후에 결정해야 합니다.

참고로 제주의 국제학교들의 학비와 기숙사 비용은 다음과 같습니다.

▶ 제주국제학교 학비 비교(2022-2023학년도 기준)

	NLCS	BHA	SJA	KIS
유치부	KRW 18,223,070 USD 10,560	KRW 19,299,000 USD 12,548	KRW 21,100,000 USD 7,863	KRW 14,700,000 USD 8,166
초등부	KRW 20,247,100 USD 11,740			KRW 15,540,000 USD 8,632
중등부	KRW 21,200,480 USD 12,290	KRW 21,723,000 USD 13,944	KRW 22,017,000 USD 8,205	KRW 16,158,000 USD 8,976
고등부 졸업학년	KRW 24,106,400 USD 13,970	KRW 22,241,000 USD 15,338	KRW 22,934,000 USD 8,547	KRW 19,260,000 USD 10,700 KRW 19,950,000 USD 11,082
	KRW 25,544,790 USD 14,800	KRW 23,626,000 USD 15,338		KRW 26,640,000 USD 11,466 KRW 21,300,000 USD 11,832

출처: 각 학교 홈페이지

▶ 기숙사비 비교(2022-2023학년도 기준)　　　　　　　　　　　　(단위: KRW)

	NLCS	BHA	SJA	KIS
기숙사 비용/년	15,786,000	19,085,000	18,553,000	19,000,000

※출처: 각 학교 홈페이지

국제학교의 시설은
어떤가요?

국제학교는 유치원부터 초·중·고등학교 전 과정을 운영하기 때문에 만3세 유아부터 고등학교 12학년 학생까지 다양한 나이의 학생이 함께 재학하고 있습니다. 중·고등학생의 경우 기숙사 생활을 하는 것이 일반적이지만 의무 사항은 아닙니다.

대부분의 국제학교는 넓은 부지 위에 초·중·고등학교 건물과 기숙사, 체육시설, 도서관, 강당, 식당, 운동장, 놀이터 등을 갖추고 있습니다. 각 학교 건물에는 교실뿐 아니라 창작활동 공간, AI 체험실, 3D프린팅실, 과학실, 연극실, 음악실, 주방, 과외 활동실, 학생 회의실, 상담실 등의 다양한 창작 활동을 할 수 있는 공간이 마련되어 있습니다. 국제학교는 학생들의 창의력과 상상력 향상을 매우 중요하게 생각하기 때문에 다양한 용도와 감각적인 디자인 공간을 제공하는 경우가 많습니다.

국제학교 도서관의 경우 일반학교의 도서관 분위기와는 다소 차이가 있습니다. 무엇보다 국제학교 도서관에는 여러 분야의 엄청난 양의 책과 함께 외국인 사서 교사가 별도로 상주합니다. 외국인 사서 교사는 학생들에게 필요한 책을 직접 추천하거나 별도의 커리큘럼을 제공하기도 합니다. 도서관에는 학생들이 자유롭게 독서와 토론을 할 수 있는 공간이 있으며, 학생들이 편안하게 앉거나 누워서 책을 볼 수 있도록 최대한 안락한 장소를 제공하고 있습니다. 제가 만나본 학생 중에는 밝고 따뜻한 분위기의 도서관을 학교에서 가장 좋아하는 공간으로 꼽는 학생이 상당히 많습니다.

국제학교 시설 중 가장 특이할 만한 부분이 바로 스포츠 센터입니다. 일단 그 규모가 엄청납니다. 스포츠 센터 건물에는 올림픽 경기를 해도 될 정도로 큰 규모의 수영장과 헬스장 등의 체육 시설이 갖춰져 있습니다. 골프, 수영, 승마, 테니스, 하키 등을 지도하는 전문 외국인 강사가 있으며 학생들은 국제학교 친선 스포츠 대회에 참가하기도 합니다. 미국의 IVY리그에서 미식축구나 Rowing 등의 대학 간 친선 경기를 하는 것과 유사합니다. 국제학교 운동장에는 대규모 축구장과 육상 트랙이 구비되어 있으며, 각종 스포츠 시설과 잔디가 펼쳐져 있고, 몇몇 학교는 아이스하키 시설을 구비한 곳도 있습니다.

이처럼 제주국제학교는 해외의 명문 사립학교가 갖추고 있는 시설을 대부분 구비하고 있습니다. 국제학교의 학생들은 최고의 시설에서 자유롭고 창의적인 교육을 받으며 학창 시절을 보내게 됩니다. 이런 시설에서 학창 시절을 보낼 수 있다는 것만으로 큰 축복이 아닌가 싶습니다.

기숙사
생활환경은 어떤가요?

외국에서는 기숙학교를 보딩스쿨(Boarding School)이라고 부릅니다. 통상 기숙학교는 명문 사립학교인 경우가 많아서 보딩스쿨이라고 하면 학비가 비싼 귀족학교를 의미합니다.

제주국제학교의 기숙사 비용은 연간 2,000만 원에서 많게는 2,500만 원 수준입니다. 학생이 기숙 생활을 원하지 않을 경우 'DAY 학생'으로 신청해서 학교 수업에만 참여할 수도 있습니다. 사정상 사교육을 별도로 받아야 하거나 공동체 생활을 좋아하지 않는 학생일 경우 통상 'DAY 학생'으로 신청합니다.

국제학교 기숙사는 학생들의 협동심과 사회성 발달을 위해 2인 1실로 운영되고 있습니다. 다만 고등학교 12학년의 경우 입시 준비를 위해 1인 1실을 사용하기도 합니다. 기숙사에는 외국인 사감 선생님이 30~40명 정도 상주하며 기숙 학생의 생활을 관리합니다. 사감 선생님들은 학생들의 규칙적인 수면과 식사 여부 등을 점검하고 각 학생별 시간 관리와 건강 상태 등을 체크합니다. 전문 상담 교사가 학생들에게 심리 상담을 제공하며, 3~4명의 간호 선생님들은 기숙 학생들의 건강을 위해 학교 내에 24시간 상주하고 있습니다. 대부분 간호사 선생님들은 4년제 간호대학을 졸업하고 병원 근무 경험이 있는 분들입니다.

기숙사 학생들은 의무적으로 방과 후 활동에 참여해야 하며, 기숙 사감 선생님의 지도 하에 각종 체육 활동과 동아리 활동에 참여합니다. 주말에는 사감 선생님과 함께 가까운 지역으로 야외활동, 골프, 승마, 볼링 등 다양한 체험 학습을 합니다. 기숙사에는 학생들의 스트레스 해소를 위한 노래방, 포켓볼 등의 다양한 놀이 시설이 구비되어 있습니다. 물론 세탁실도 잘 갖춰져 있으며 학생들을 위한 세탁, 다림질 서비스를 제공하기도 합니다.

기숙사 내에는 숙제 및 자율학습을 위한 독서실과 스터디 룸이 있으며, 교사들이 일주일간 교대로 방과 후 학습 지도를 합니다. 학생들은 교사들에게 언제든지 학업과 관련한 질문이나 도움을 요청할 수 있습니다. 때로는 기숙 사감 선생님들이 학생들의 고충 사항을 듣고 담당 교사에게 상담을 의뢰하기도 합니다.

대부분 국제학교 기숙사는 과외나 학원 수업을 위한 외출을 허용하지 않는 경우가 일반적입니다. 그래서 부모님의 방문 요청이 있을 시에만 외출을 허가받을 수 있습니다.

국제학교 식당은 다국적 학생과 교원의 식성과 취향을 고려하여 다양한 메뉴를 제공하고 있습니다. 식사 메뉴 코너는 인터내셔널, 베지테리언, 그릴, 누들, 한식, 샐러드 바 등으로 구성되어 있습니다. 데일리 식사 메뉴는 기숙 학생들의 성장과 영양을 동시에 고려하여 균형 잡힌 식단을 제공합니다. 또한 학생들이 다국적 식단에 익숙해질 수 있도록 함으로써 해외 대학 진학 후에도 외국 생활에 잘 적응할 수 있게 도와줍니다.

국제학교에서 음식을 공급하는 업체는 공정하고 철저한 입찰제도를 통해 선정됩니다. 특히 국제학교는 학부모들의 영향력이 매우 큰 편이라서 학부모들이 직접 식당을 선정하는 입찰에 참석하여 의견을 적극 반영하고 있습니다. 식당 메뉴가 부실하거나 음식의 품질이 기대에 미치지 못한 경우에는 업체가 교체되는 경우가 있으며 특히 음식에 있어서는 사소한 불만 사항도 그대로 넘어가는 경우가 거의 없습니다.

교환학생 프로그램은
어떻게 운영되나요?

해외에 본교를 두고 있는 국내 국제학교들은 본교와 교환학생 프로그램을 운영하고 있습니다. 교환학생 프로그램은 주로 고등학생 위주로 매년 10명 정도의 학생이 선발됩니다. 선발된 학생들은 해외에 있는 본교에서 한 학기 동안 수업을 받고 본교에서 취득한 학점을 인정받습니다. 교환학생으로 가서 그곳에서 본교로 진학을 희망하는 학생들도 종종 있습니다. 이런 경우 입학시험을 별도로 보거나 추가 서류를 제출하여 전학의 형태로 본교에 진학할 수도 있습니다.

교환학생 프로그램은 해외에서 직접 학업을 경험해볼 수 있다는 측면에서 학생들에게 인기가 많은 편입니다. 일반적으로 입시를 본격적으로 준비하는 12학년보다는 10학년 학생들이 교환학생 프로그램에 지원하는 경우가 많습니다. 교환학생 학비는 해외에 있는 본교 기준이며 해외에 직접 납부합니다. 학비는 학교마다 차이가 있으나 통상 해외 본교 학비가 국내보다

조금 더 저렴한 편입니다.

　제주국제학교의 경우, YBM에서 운영하는 KIS를 제외하고는 NLCS 제
주는 영국 런던에, BHA 제주는 캐나다 토론토에, SJA 제주는 미국 버몬트
에 본교를 두고 있습니다.

학사 일정은
어떻게 되나요?

대부분 국제학교는 매년 8월 초에 새 학년이 시작되며, 연간 수업 일수는 대략 183일입니다. 새 학년이 시작되는 시기가 8월이기 때문에 일반학교에서 국제학교로 전학 오는 경우 한 학기(6개월 정도)를 기다렸다가 진학하게 됩니다.

방학은 계절별로 4번 운영되는데 통상 가을방학 2주, 겨울방학 3주, 봄방학 2주, 여름방학 7~8주입니다. 국제학교의 2학기는 다음 연도 1월 중순에 시작되며, 6월초 정도에 마칩니다. 따라서 국제학교는 학년이 바뀌는 여름방학 기간이 상당히 길다고 할 수 있습니다. 한국학교는 학년이 바뀌는 시기가 3월이라서 겨울방학이 가장 긴 것과 대조적입니다.

국제학교의 교육 방침상 방학 동안 학생들이 가족과의 여행 등을 통해 경험의 폭을 넓힐 수 있도록 권장하는 편이지만, 사실상 방학에도 상당히 바쁜 것이 현실입니다. 특히 중·고등 학생의 경우 대부분 SAT 시험 준비를 위한 입시 학원을 다니거나 자기소개서와 포트폴리오를 준비합니다. 한국의 학부모와 학생들은 단기 성적 향상을 위한 한국식 사교육에 익숙하기 때문에 방학 기간을 이용하여 강남의 입시 학원에서 많은 시간을 보내는 편입니다. 다음 제주국제학교 학사달력을 참고하세요.

▶ NLCS 제주 학사달력(2021-2022학사년도)

※하얀색: 방학/하늘색: 학업일 (출처: NLCS 제주 홈페이지)

ACADEMIC CALENDAR 2022 - 2023
Korea International School, Jeju Campus

AUGUST

M	TU	W	TH	F	SAT	SUN
1	2	3	4	5	6	7
8	9	10	11	12	13	14
15	16	17	18	19	20	21
22	23	24	25	26	27	28
29	30	31				

1-3 New Faculty On-Campus Orientation
2-3 Returning Faculty Virtual Professional Development Days
4-10 All Faculty On-Campus Professional Development Days
11 First Day of School
15 Liberation Day
27 SAT at KISJ

SEPTEMBER

M	TU	W	TH	F	SAT	SUN
			1	2	3	4
5	6	7	8	9	10	11
12	13	14	15	16	17	18
19	20	21	22	23	24	25
26	27	28	29	30		

8-11 Chuseok Break
12 Professional Development Day (No students)

OCTOBER

M	TU	W	TH	F	SAT	SUN
					1	2
3	4	5	6	7	8	9
10	11	12	13	14	15	16
17	18	19	20	21	22	23
24	25	26	27	28	29	30
31						

1 SAT at KISJ
14 Half day for students
17 Quarter 2 Begins
27-29 KISJ Family Weekend
30-31 Fall Break

NOVEMBER

M	TU	W	TH	F	SAT	SUN
	1	2	3	4	5	6
7	8	9	10	11	12	13
14	15	16	17	18	19	20
21	22	23	24	25	26	27
28	29	30				

1-6 Fall Break

DECEMBER

M	TU	W	TH	F	SAT	SUN
			1	2	3	4
5	6	7	8	9	10	11
12	13	14	15	16	17	18
19	20	21	22	23	24	25
26	27	28	29	30	31	

3 SAT at KISJ
17-31 Winter Break

JANUARY

M	TU	W	TH	F	SAT	SUN
						1
2	3	4	5	6	7	8
9	10	11	12	13	14	15
16	17	18	19	20	21	22
23	24	25	26	27	28	29
30	31					

1-8 Winter Break
20 Half day for students
21-25 Lunar New Year Break
26-27 Professional Development Days (No students)
30 Start of Q3/S2

FEBRUARY

M	TU	W	TH	F	SAT	SUN
		1	2	3	4	5
6	7	8	9	10	11	12
13	14	15	16	17	18	19
20	21	22	23	24	25	26
27	28					

MARCH

M	TU	W	TH	F	SAT	SUN
		1	2	3	4	5
6	7	8	9	10	11	12
13	14	15	16	17	18	19
20	21	22	23	24	25	26
27	28	29	30	31		

11-19 March Break

APRIL

M	TU	W	TH	F	SAT	SUN
					1	2
3	4	5	6	7	8	9
10	11	12	13	14	15	16
17	18	19	20	21	22	23
24	25	26	27	28	29	30

7 Half day for students
10 Quarter 4 Begins
21-25 Spring Break

MAY

M	TU	W	TH	F	SAT	SUN
1	2	3	4	5	6	7
8	9	10	11	12	13	14
15	16	17	18	19	20	21
22	23	24	25	26	27	28
29	30	31				

1-5 & 8-12 AP Exam Dates
5 Children's Day (School in session)
6 SAT at KISJ
20 KISJ Graduation
27 Buddha's Birthday
26-28 Spring Long Weekend

JUNE

M	TU	W	TH	F	SAT	SUN
			1	2	3	4
5	6	7	8	9	10	11
12	13	14	15	16	17	18
19	20	21	22	23	24	25
26	27	28	29	30		

3 SAT at KISJ
9 Last Day of School for Students/Half Day
15 Last Day for B/C Contracts

Legend:
- ● Start/End dates
- ○ Special events
- ○ Vacation
- ○ Half day for students, 12:30 release
- ○ Faculty/Staff Professional Development Day (No Students)
- ○ SAT at KISJ
- ○ HS Exams

※하늘색: 방학/하얀색: 학업일 (출처: KIS 제주 홈페이지)

▶ BHA 제주 학사달력(2022-2023학사년도)

※보라색: 방학/하얀색: 학업일(출처: BHA 제주 홈페이지)

2022 - 23 Important Dates

FALL SEMESTER

New Faculty Orientation
Aug 1 - Aug 3

Returning Full Faculty Orientation
Aug 4 - Aug 9

Boarders Move In
Aug 8

First Day of School
Aug 10 (Full Day)

Chuseok Holiday
Sep 9 - 15

Professional Development Days
(No School for Students)
Sep 16
Nov 7

Fall Conferences
ES Oct 7
MS Oct 21
HS Oct 14

Fall Break
Oct 29 - Nov 6

Winter Break
Dec 17 - Jan 8

SPRING SEMESTER

Lunar New Year Holiday
Jan 21 - 25

Professional Development Days
(No School for Students)
Jan 26 - 27
Mar 20

First Day of 2nd Semester
Jan 30

Spring Conferences
ES Mar 10
MS Mar 31
HS Mar 24

March Break
Mar 11 - 19

Spring Break
Apr 22 - 30

HS Graduation
Jun 10

Last Day of School
Jun 16 (Half Day)

ST. JOHNSBURY ACADEMY JEJU

SCHOOL CALENDAR 2022 - 2023

August 2022

S	M	T	W	T	F	S
	1	2	3	4	5	6
7	8	9	10	11	12	13
14	15	16	17	18	19	20
21	22	23	24	25	26	27
28	29	30	31			

September 2022

S	M	T	W	T	F	S
				1	2	3
4	5	6	7	8	9	10
11	12	13	14	15	16	17
18	19	20	21	22	23	24
25	26	27	28	29	30	

October 2022

S	M	T	W	T	F	S
						1
2	3	4	5	6	7	8
9	10	11	12	13	14	15
16	17	18	19	20	21	22
23	24	25	26	27	28	29
30	31					

November 2022

S	M	T	W	T	F	S
		1	2	3	4	5
6	7	8	9	10	11	12
13	14	15	16	17	18	19
20	21	22	23	24	25	26
27	28	29	30			

December 2022

S	M	T	W	T	F	S
				1	2	3
4	5	6	7	8	9	10
11	12	13	14	15	16	17
18	19	20	21	22	23	24
25	26	27	28	29	30	31

January 2023

S	M	T	W	T	F	S
1	2	3	4	5	6	7
8	9	10	11	12	13	14
15	16	17	18	19	20	21
22	23	24	25	26	27	28
29	30	31				

February 2023

S	M	T	W	T	F	S
			1	2	3	4
5	6	7	8	9	10	11
12	13	14	15	16	17	18
19	20	21	22	23	24	25
26	27	28				

March 2023

S	M	T	W	T	F	S
			1	2	3	4
5	6	7	8	9	10	11
12	13	14	15	16	17	18
19	20	21	22	23	24	25
26	27	28	29	30	31	

April 2023

S	M	T	W	T	F	S
						1
2	3	4	5	6	7	8
9	10	11	12	13	14	15
16	17	18	19	20	21	22
23	24	25	26	27	28	29
30						

May 2023

S	M	T	W	T	F	S
	1	2	3	4	5	6
7	8	9	10	11	12	13
14	15	16	17	18	19	20
21	22	23	24	25	26	27
28	29	30	31			

June 2023

S	M	T	W	T	F	S
				1	2	3
4	5	6	7	8	9	10
11	12	13	14	15	16	17
18	19	20	21	22	23	24
25	26	27	28	29	30	

July 2023

S	M	T	W	T	F	S
						1
2	3	4	5	6	7	8
9	10	11	12	13	14	15
16	17	18	19	20	21	22
23 30	24 31	25	26	27	28	29

First Day of School	Aug 10 (Full Day)	**Chuseok Holiday**	Sep 9 - 15
End of 1st Semester	Jan 20	**Fall Break**	Oct 29 - Nov 6
Start of 2nd Semester	Jan 30	**Winter Break**	Dec 17 - Jan 8
Last Day of School	Jun 16 (Half Day)	**Lunar New Year**	Jan 21 - 25
		March Break	Mar 11 - 19
		Spring Break	Apr 22 - 30

- ■ New Faculty — Aug 1 - 3
- ■ Returning/ALL Faculty — Aug 4 - 9
- ■ Professional Development Days – No School for Students
- ■ Late Start Wednesdays 10:15am Start

Boarders Move In — Aug 8

ST JOHNSBURY ACADEMY JEJU

※주황색: 방학/하얀색: 학업일(출처: SJA 제주 홈페이지)

수업은
어떻게 진행되나요?

        국제학교의 커리큘럼 및 수업 방식은 한국의 일반적인 학교의 수업 방식과는 확연한 차이가 있습니다. 대다수 국제학교는 정형화된 교과서를 사용하지 않으며, 학기 시작 전에 과목별로 독자적인 강의 요강(Syllabus)을 구성하여 제공하고 있습니다. 수업 진행 방식은 교사와 학생이 상호 간에 자유롭게 의견을 표현하는 방식으로 진행되고, 교사는 가급적 학생 스스로 질문에 대한 답을 찾을 수 있도록 지도합니다. 이 과정에서 학생들은 자신의 생각을 표현하고 다른 학생들의 의견을 경청하고 존중하는 자세를 배우게 됩니다.

        국제학교는 교육부가 제공하는 검정교과서를 사용하지 않습니다. 대신 국제학교의 커리큘럼 코디네이터와 교장, 교사 들이 함께 협의하여 매 학기 새로운 교육 프로그램을 편성하고 학습 방향과 수업자료 등을 결정합니다. 이로 인해 한국 교육에 익숙한 일부 학부모는 교과서 없이 진행되는 수업 방식에 당황하기도 하며, 자녀의 학업 성과가 눈에 잘 띄지 않기 때문에 조급해하기도 합니다.

대부분 국제학교의 교사는 교육이란 살아 숨쉬는 유기체처럼 끊임없이 변화하는 과정의 연속이라 생각하기 때문에 커리큘럼에 시대 흐름을 지속적으로 반영하고자 노력합니다. 과거의 교육자료를 그대로 몇 년씩 활용하는 식의 강의 방식으로는 국제학교에서 버티기 어렵습니다. 몇몇 국제학교는 창의적이고 독창적인 커리큘럼을 제공하여 다른 교육기관과 차별화를 시도하기도 합니다. 국제학교마다 미국 혹은 영국 본교의 교육 철학이 있고, 각 커리큘럼에 자신들만의 교육 철학이 최대한 반영되도록 노력하기 때문에 국제학교마다 차별성이 분명한 편입니다. 가령 세인트존스베리 국제학교의 경우 엄격한 규율과 태도보다는 학생들의 자율성과 창의성, 친환경적인 인재를 양성한다는 철학이 있어서 이러한 내용이 커리큘럼에 자연스레 녹아 들어 있습니다.

국제학교에서 수업하는 방식은 한국의 초·중·고 수업 방식에 비해 다소 이색적으로 보일 수 있습니다. 학생들은 책상에 앉아서 수업을 받기보다는 팀별로 모이거나 자유롭게 둘러 앉아서 편하게 토론하는 방식으로 진행됩니다. 국제학교 학생들은 자신이 관심 있는 주제를 선정하여 프로젝트를 준비하고 발표해야 합니다. 때문에 학생들이 원하는 장소로 이동해서 문제를 해결하거나 원하는 답을 찾는 시간을 충분히 가질 수 있도록 권장합니다. 교사들은 주기적으로 학생들에게 피드백을 제공하며, 학교는 프로젝트에 필요한 인적·물적 지원을 아낌없이 제공하며 프로젝트 완성을 서포트합니다.

모든 국제학교는 영어교육에 중점을 두고 있습니다. 학생들이 유창하고 편안한 영어를 구사할 수 있도록 EAL(English as an Additional Language) 프로그램을 운영하고 있습니다. 국제학교에서 진행하는 대부분의 수업에는 담임 선생님과 EAL 교사가 함께 참여합니다. EAL 교사들은 담당 교과목 선생님과 함께 수업에 참여하기 위해 과목별로 별도로 수업자료를 준비해야 합니다. EAL 교사들이 가장 중점을 두는 부분은 수업의 이해도가 부족한 학생들에게 도움을 주는 것입니다. EAL 교사들은 학생별로 눈높이에 맞게 추가적인 설명을 해주고 각 과목에 필요한 학습자료를 제공하기도 합니다. 또한 국제학교 학생들의 영어 실력 향상을 위한 별도의 프로그램을 만들기도 합니다.

EAL 프로그램이
무엇인가요?

　　좋은 국제학교의 선택 기준 중 하나는 EAL 프로그램이 얼마나 잘 되어 있는가입니다. EAL 프로그램은 국제학교에 진학한 학생들의 영어 수준 차이를 파악하고 영어 구사 능력의 간격을 좁혀 나갈 수 있도록 돕는 프로그램입니다.

　　국제학교는 각 학년별로 평균 2명 이상의 영어 교육 관련 전문 자격증을 보유한 EAL 교사들을 채용합니다. EAL 교사들의 역할은 학생들이 학업을 잘 따라갈 수 있도록 돕고, 담임 선생님과 협업하여 학생의 수준에 맞는 커리큘럼을 제공하는 것입니다. 또한 필요한 경우 도서목록을 추천하여 학생이 영어를 잘 습득할 수 있도록 지도합니다.

　　EAL 교사들은 학생 한 명 한 명 또는 작은 그룹으로 팀을 구성하여 별도의 EAL 수업을 진행하기도 합니다. 이런 수업 방식은 Immersion Model(영어 몰입 교육)에 기반하여 언어 습득을 가장 효과적이고 성공적으

로 수행할 수 있도록 구성되어 있습니다. 학생들이 수업 시간을 통해서뿐만 아니라 학교의 다양한 액티비티에 참여하고, 사회적 관계 형성을 통해 자연 스럽게 영어를 습득할 수 있도록 합니다.

방과 후 수업은
어떻게 운영되나요?

국제학교는 정규 수업 이외에 ASA(After School Activity)라는 방과 후 수업을 진행합니다. 좋은 학교일수록 다양한 ASA 프로그램을 제공하고 있으며, 일반적으로 3~40여 가지의 프로그램 중 학생이 선호에 따라 선택하여 참여합니다.

ASA 프로그램은 크게 5가지의 카테고리로 구성되는데 스포츠, 여가, 봉사활동, 예술, 범 교과 학습 등입니다. 각 분야는 학생들이 신체적으로나 정신적으로 조화롭게 성장할 수 있도록 돕는 것을 목표로 합니다. 방과 후 활동은 정규 교사와 보조 교사 혹은 외부 교사의 지도에 따라 진행되며 세부적인 구성은 매 학기마다 변동됩니다. 학생들은 여러 가지의 ASA 프로그램에 참여하면서, 학생들 자신의 관심사를 탐색할 수 있으며, 선택한 분야에 대한 깊은 학습을 할 기회를 갖습니다.

▶ ASA 프로그램

스포츠 분야	- 수영 - 아이스하키 - 테니스 - 골프 - 배구/축구/농구 - 승마 - 요가/필라테스/무용/발레
여가	- Visual Art(다양한 소재를 활용한 창작활동) - 음악 밴드 혹은 오케스트라 참여 - 드라마(창작 연극, 뮤지컬, 공연 등) - 도보여행(주말 액티비티 활용) - 다양한 Athletics 프로그램 참여(신체활동)
봉사활동	- 환경보호 관련 세미나 참여 - 지역 공동체 활동 - 국제난민기구 등 후원
예술	- 3D프린팅 - 회화/공예 - 공작(Maker Space 창작공간) - 음악(피아노, 바이올린, 첼로, 비올라 등) - 연극
교과학습	- Science Lab을 활용한 과학적 실험과 탐구 활동 - VR(가상체험) - 제2외국어(스페인어, 중국어, 프랑스어, 라틴어 등) - Design Tech(IT 기기를 활용한 창작활동) - Robotics(AI를 활용한 창작활동)

코딩 수업이 있나요?

국제학교는 학생들이 디지털시민으로 성장할 수 있도록 모든 수업에 IT기기를 활용하고 있으며, 정규 수업 시간에 코딩을 가르치고 있습니다.

코딩이란 컴퓨터와 대화할 수 있는 언어를 의미합니다. 학생들은 컴퓨터와 상호작용할 수 있는 언어를 습득하여 스스로 변화를 만들고 새로운 채널을 창조할 수 있게 됩니다. 또한 코딩 수업을 통해서 학생들은 자연스럽게 논리적인 사고와 문제해결 능력을 배울 수 있습니다.

국제학교에는 테크 디렉터(Tech Director)라는 포지션에 적합한 교사를 채용합니다. 교사들은 컴퓨터 분야에서 경력이 많고 석사 학위를 가지고 있는 경우가 대부분입니다. 학교와 교사진은 국제학교 학생들이 전 세계 시장에서 글로벌 리더로 성장할 수 있도록 코딩 수업을 중요하게 생각하고 있습니다. 학생들이 살아갈 미래에는 코딩이 모국어처럼 자연스럽게 사용할 수 있어야 하는 도구이자 빅데이터를 다루는 데 필수 요소일 것입니다.

국제학교 학생들은 코딩 수업을 통해 자신이 관심 있는 분야의 지도를 만들거나 사회 현상에 대한 궁금증을 해결하기도 합니다. 학생들은 코딩 수업을 통해 글로벌 리더로 성장할 수 있는 실력을 기를 수 있습니다. 국제학교의 교사들은 학생들이 상상하는 모든 것들을 머릿속에 가두지 않고 표현할 수 있도록 적극적으로 돕고 있습니다.

유치부, 초등 과정 커리큘럼은
어떻게 구성되나요?

       국제학교의 유치부, 초등 과정 프로그램은 학생들이 질문을 통해 배우도록 강조하고, 학생 스스로 학습할 수 있는 동기를 부여하도록 설계되어 있습니다. 성적으로 학생을 규정하기보다는 학교와 교사 모두 학생은 실수를 통해 배운다는 것을 강조합니다.

       유치원생과 초등학생의 수업 시간은 보통 오전 8시 30분에 시작하여 15시 30분에 마치며 중간에 점심시간, 간식시간이 있습니다. 초등학생들은 '방과 후 수업'을 신청할 수 있으며, 방과 후 수업은 17시에 마칩니다. 국제학교는 본교가 있는 국가의 학사 일정과 제도를 따르는 편이지만, 한국의 명절은 예외적으로 쉬는 날로 정하기도 합니다.

       국제학교의 학급 반 편성은 성별, 국적, 연령 등 다양성을 고려하여 이루어집니다. 국제학교에서 성적별로 학급을 나누는 일은 상상할 수 없는 개념이지만 일부 고등학생의 경우에는 학생 수준에 맞는 맞춤형 수업을 제공하는 목적으로만 매우 제한적으로 활용되기도 합니다.

수업 과목은 아래와 같이 구성됩니다.

▶ 유치부, 초등 과정 수업

영어	말하기, 읽기, 쓰기, 연구조사
수학	수학 응용, 적용, 데이터 활용, 그래프 활용
과학	개념, 실험, 조사 연구, 생태계, 환경문제
사회	다양성, 개념, 조사, 평가, 토론, 시민의식, 프로젝트
기타	IT 활용 능력, 국어와 국사, 영어 몰입교육

'방과 후 수업' 시간에는 학생들이 미술, 음악, 드라마, 체육, 도서관 수업 등을 통해 정규 수업 시간에 학습한 내용을 구체화하고 각자 표현해보는 방식의 수업이 진행됩니다. 특히 최근 학생들의 디지털 교육이 강조됨에 따라 인공지능(AI), 3D 프린팅, 태블릿 코딩 수업 등이 중요한 과목으로 대두되었고, 학교에서는 디지털 교육을 위해 노트북, 아이패드 등을 제공하고 있습니다.

국제학교에서 과제는 학생들이 수업 시간에 배운 내용을 복습함과 동시에 자기 관리능력과 책임감 향상을 위한 교육 목적으로 활용되고 있습니다. 특히 교사들은 매일 독서를 강조합니다. 독서를 통해 학생들이 독해력과 문장력을 향상시키고 사고력을 증진시킬 수 있기 때문에 과제에서 독서가 차지하는 비중이 상당합니다. 또한 학생들의 공동체 의식과 사회성 향상을 위

해 팀별 공동 과제를 주는 경우가 많습니다. 공동 과제 수행 과정에서 학생들은 다른 친구들과 조화롭게 문제를 해결할 수 있는 배려심과 탐구능력을 동시에 기르게 됩니다.

국제학교의 성적표는 공식적으로 각 학기별로 1, 2학기 두 번에 걸쳐 발송됩니다. 교사들은 학생들의 성장을 종합적으로 평가한 후 학부모에게 피드백을 제공합니다. 종합적 평가 항목에는 프로젝트 수행 여부, 작문 시험, 학업 성취도 등이 있습니다. 특히 국제학교는 무엇보다 출석을 엄격하게 관리합니다. 최대한 학생의 자율적인 학습 환경을 보장하지만 학교에서 정한 규칙에 있어서는 매우 엄격한 편입니다. 규칙을 중요하게 여기는 것이 공동체 정신의 시작이라고 생각하기 때문입니다.

중등 과정 커리큘럼은
어떻게 구성되나요?

국제학교의 중학교 프로그램은 학생들의 개성을 살리고 호기심을 강화하는 데 중점을 두고 있습니다. 또한 중학교 수업부터 고등학교 과정과 연계하여 수학과 영어를 중심으로 학습하게 되는데 이는 학생들이 앞에서 언급한 AP 혹은 IB 과정을 대비할 수 있도록 하기 위함입니다.

통상 중학교 수업은 오전 8시 15분에 시작하고 16시에 마치며, 한 과목당 수업 시간은 55분입니다. 중학생 역시 출석이 매우 중요합니다. 하루 수업을 마치면 학생들은 30분 정도 마무리 컨퍼런스 시간에 참여해야 합니다. 이 시간에 담당 교사는 학생들의 학사 일정에 대해 상담하거나 보충 내용을 설명합니다.

중학생 수업 과목에는 영어, 수학, 과학, 컴퓨터 사이언스, 로봇 과학, 토론, 리더십 훈련, 사회, 체육, 국어, 한국 역사, 중국어, 예술, 드라마, 밴드, 합창 등이 있습니다.

국제학교 수업에는 미국 국립학교에서 사용하는 교과서는 사용되지 않습니다. 각 과목별 교사들은 커리큘럼 디렉터와 협의 하에 각자 교과과정에 사용할 교재와 수업자료 등을 선택합니다. 학생들의 특성과 편차를 고려하여 교재 및 프로그램을 설계하여 차별화된 맞춤형 교육을 제공하고자 노력합니다.

중학생은 학력 평가 개념의 시험을 1년에 2차례 보는데 학생들은 이 시험에 반드시 응시해야 합니다. 또한 정기적으로 영어 실력 테스트도 함께 보게 됩니다. 국제학교 학생들은 중학생 때부터 대학 입시를 준비하게 되는데, 각자 진로와 학업 성취도에 따라 진로지도 교사와 정기적으로 상담을 하게 됩니다. 이와 더불어 학생들은 사서 선생님의 도움을 받아 도서관에서 수업과 관련된 책, 논문, 자료 등을 찾는 방법을 익힙니다. 국제학교의 모든 교사는 학생들이 자기주도형 학습 능력을 증진할 수 있도록 돕고 있습니다.

한편 국제학교의 규율은 매우 엄격한 편입니다. 학생들은 반드시 교복을 착용해야 하고 등하교 시간을 엄격히 지켜야 합니다.

고등 과정 커리큘럼은
어떻게 구성되나요?

　　국제학교 고등학교 프로그램은 무엇보다 대학입시에 중점을 두고 있습니다. 고등학생들은 IB 혹은 AP 프로그램 수업을 듣고 각자 대학에 제출할 시험을 준비합니다. 카운슬러 교사는 학생들의 대학 입시 준비를 위한 학점관리 및 대학 지원 절차 등에 대해 개인 컨설팅을 제공합니다. 이를 통해 학생들은 본인에게 적합한 대학과 전공에 대해 함께 고민하는 시간을 갖습니다.

　　고등학교 수업은 대학 입시를 준비하는 시기인 만큼 매우 체계적으로 구성되어 있습니다. 수업 시간은 8시부터 18시까지 진행되며, 학생들은 수업이 마치면 도서관이나 기숙사 도서관에서 자율 학습을 진행합니다. 방과후 수업 시간에는 각 과목별 교사들이 교대로 상주하며 학생들의 질문과 학업 관련 상담을 제공합니다.

　　국제학교에서 고등학생들은 본인이 원하는 과목을 신청해 들을 수 있습니다. 각자 진학하고자 하는 전공과 관계된 IB와 AP 과목을 수강 신청하고 입학시험을 대비합니다. 따라서 제주국제학교에는 IB 혹은 AP 과목을 전담으로 가르치는 교사가 별도로 있습니다. 해당 교사들은 학생들이 입학시험을 잘 준비할 수 있는 방향으로 각자 프로그램을 기획해 운영하고 있습니다.

고등학생들은 액티비티나 방과 후 활동도 입시에 도움이 될 수 있는 주제와 연계하여 선택합니다. 학교는 방과 후 컨퍼런스를 운영하여 학생들이 수업 후 학업 관련 질문을 하거나 대입 과제 준비 등을 할 수 있도록 다양한 도움을 제공합니다.

고등학생의 경우 외국의 명문대학에 진학하기 위해서는 학교 내신 성적에 해당하는 GPA를 잘 관리해야 합니다. 대학 전형 시에는 SAT 점수와 AP 혹은 IB 점수와 더불어 GPA 점수도 함께 제출하기 때문입니다. 통상 국제학교에서는 학생들의 성적을 A+~F까지 총 13단계로 구분하여 평가하고 있습니다. 평가항목에는 시험 성적뿐만 아니라 학생별 프로젝트 수행과제 등도 GPA 평가항목 중에 중요한 비중을 차지합니다. 따라서 학생들은 재학 기간 중 GPA 점수 관리를 위해 꾸준히 노력합니다. 외국의 국제학교와 비교했을 때 한국의 국제학교는 학점을 후하게 주는 편입니다. 다만, 국제학교에서는 표절에 있어서만큼은 매우 엄격하게 처벌하고 있으니 시험 및 과제 제출 시 표절을 하지 않도록 조심해야 합니다.

진로지도 교사는 대학 선택부터 지원 과정 전반에 대해 상담을 진행합니다. 한국의 유학 학원이나 입시 컨설턴트의 상담과는 차이가 있습니다. 진로지도 교사는 학생들이 주도적으로 입시 절차를 진행하도록 가이드를 제공하며, 정기적인 피드백을 통해 실수가 발생하지 않도록 서포트합니다.

국제학교에는 국내 대학에 진학하고자 하는 학생들을 위한 한국 대학 전형 진로지도 교사도 있습니다. 국내 대학을 준비하는 학생들은 특별전형이나 수시전형에 대한 상세한 도움을 받을 수 있습니다.

고등학교에는 학생들의 심리 상담을 위한 상담 교사와 간호사가 상주하면서 학생들의 스트레스 관리를 돕고 있습니다. 심리 상담 교사들은 정서적으로 예민한 학생들의 정서 안정을 위해 최선을 다하고 있고, 특히 학생들의 가정 문제나 사생활에 관한 고민 상담을 제공하고 있습니다.

국제학교는
졸업 요건이 까다로운가요?

　　국제학교에서 고등학교를 졸업하는 학생들은 반드시 G9부터 G12학년까지 총 4년간의 교과과정을 이수해야 하고, 최소 28학점 이상을 취득해야만 졸업이 가능합니다. 중간에 일반학교에서 국제학교로 전학을 오는 경우에는 기존 학교에서 취득한 학점을 인정받습니다(학교별로 상이할 수 있으니 확인이 필요합니다).

　　또한 졸업을 위해서는 학교에서 정한 '필수 교과목' 학점을 모두 이수해야 합니다. 필수 교과목으로는 영어, 수학, 과학, 역사, 예술, 졸업 포트폴리오, 국어, 사회, 체육 활동 등이 있습니다. 필수 교과목의 상세 항목은 다음과 같습니다.

▶필수 교과목

Science	Biology / Chemistry/ Integrated Science/ Physics
English	English 9~12/ Modern Literature/ Public Speaking/ Screen writing for Film
Mathematics	Algebra 1~2 / Algebraic Foundations 1~2 / Geometric Foundations/ Geometry/ Introduction to Statistics/ Pre-Calculus / Trigonometry
Engineering	Computer Science Foundations/ Robotics / STEAM/ Video game design/ Web Design
Social Studies	20TH century studies: 20th Century history/ History of Cinema/ US History/ World History
Arts	Acting for Film/ Advanced Digital Photography/ Art Foundations/ Digital Photography/ Directing for Film/ Drama/ Film Editing/ Film making Foundations/ Graphic Design/ Intermediate Art/ Intermediate Film making/ Intro to Sculpture

위. SJA 운동장 ⓒ 월터 미티
아래. 하버드대학교 ⓒ 월터 미티

제주국제학교
입학시험 준비

국제학교의
입학 절차는 어떻게 되나요?

국제학교로 진학을 결정했다면 입학 절차를 잘 숙지한 후에 입학시험을 준비해야 합니다. 지원하는 학교마다 입학 프로세스가 달라서 답답한 마음이 들 수 있지만 아래 절차에 따라 차근차근 준비하면 무리 없이 합격할 수 있습니다.

우선, 자녀가 지원하고자 하는 학교 홈페이지를 검색해 입학처에 나온 입학 정보를 반드시 확인해야 합니다. 특히 '입학시험 일정 및 프로세스'를 확인하는 것이 중요합니다. 애매하거나 추가 확인이 필요한 사항은 반드시 입학처로 직접 문의하는 것이 좋습니다. 대부분 국제학교 입학처에는 한국어, 중국어, 영어가 가능한 직원들이 상주하고 있으니 영어 때문에 걱정은 안 해도 됩니다.

통상 국제학교 입학원서 접수는 매년 10월쯤에 시작합니다(실제 입학은 다음 연도 8월). 대부분 국제학교 홈페이지에서 직접 원서를 접수하고, 입학

시 필요한 필수 서류를 제출합니다. 국제학교 입학처는 학생의 지원 내용과 서류 등을 체크한 후 이상이 없으면 전형료 납부 정보를 안내합니다. 지원하는 학생의 전형료 납부를 포함한 모든 서류 등록이 완료되면 학생은 입학시험과 인터뷰 날짜를 공지받습니다.

국제학교의 입학시험은 개별적으로 진행됩니다. 접수를 완료한 지원자부터 선착순으로 입학시험과 인터뷰를 진행합니다. 모든 지원자의 시험 응시가 완료되면 입학처는 시험 응시자 전원을 대상으로 종합적인 입학 심사를 진행합니다. 약 한 달 간의 입학사정 기간 후에 보통 다음해 2~3월 중에 정시 합격자를 발표합니다. 학생의 입학시험 점수 및 입학사정 결과에 따라 '합격자', '대기자', '불합격' 중 하나의 결과를 통보받습니다.

이후 입학처는 정시모집 합격자를 대상으로 등록절차 및 학비 등을 안내합니다. 만약 자녀가 입학 대기자라는 결과를 받았다면 미등록자가 생기거나 학기 중에 결원 발생 시 성적순으로 추가 합격 통지를 받게 됩니다. 하지만 정시에 불합격 통지를 받았다면 동일 학사 연도에는 입학이 불가능하며 다음 학사 연도에 재지원은 가능합니다.

정시 모집 기간을 놓쳐서 학기 중에 입학하고자 하는 경우에는 수시모집에 지원할 수도 있습니다. 국제학교에서는 학기 중 결원이 발생한 학생 수에 한정하여 정시 대기자 혹은 수시 지원자 중에서 학생 정원을 충원합니다.

입학시험에 대해 좀 더 자세히 알아보겠습니다. 유치원과 초등학교 저학년의 경우 일반적으로 입학시험을 별도로 보지 않지만 대신 영어 인터뷰를 진행합니다. 인터뷰의 목적은 단지 영어 실력을 평가하기 위함이 아닙니다. 학생이 국제학교 생활에 잘 적응할 수 있는지, 사회성과 창의성은 잘 발달되어 있는지 여부를 확인하기 위한 과정입니다. 따라서 영어 실력보다 학생이 인터뷰를 진행하는 교사와 원활한 대화가 가능한지, 본인의 의사표현을 잘 할 수 있는지 여부가 더 중요합니다. 또한 학생이 또래 집단과 잘 어울려 학교생활에 적응할 준비가 되어 있는지 여부를 주의 깊게 평가합니다.

초등학교 고학년부터 고등학생까지는 영어 실력이 매우 중요합니다. 학생들은 입학시험 외에 일대일 인터뷰를 진행하게 됩니다. 입학시험 평가 항목은 단어 사용력, 문장 표현력, 독해 능력, 수학 능력, 영작 능력 등으로 구성되어 있습니다. 인터뷰는 교장 혹은 입학처장이 주로 보는 편이며, 모든 인터뷰는 영어로 진행됩니다. 지원한 학교가 추구하는 가치와 교육 철학에 따라 선호하는 학생의 성향이 다를 수 있으나 국제학교는 일반적으로 주체적으로 본인의 생각을 명확히 표현하는 학생을 선호하는 편입니다. 따라서 인터뷰 진행 시 자신감 있고 활기찬 학생의 자세와 태도가 점수에 중요한 비중을 차지합니다. 입학 여부는 기존 학교의 생활기록부, 입학시험 점수, 인터뷰 결과 등을 종합적으로 합산하여 결정합니다.

마지막으로 제주국제학교 각 학교별 시험에 대해 알아보겠습니다.

영국 학교인 NLCS는 학교의 교사들이 입학시험을 자체적으로 출제하는 것이 특징입니다. 시험의 난이도는 꽤 높은 편이며 제주에 있는 다른 국제학교에서의 'MAP(Measure of Academic Progress) 시험'과는 문제 스타일이 상이합니다. 시험 과목으로는 영어, 수학, 작문이 포함됩니다. 기출문제는 학교 홈페이지에서 다운 받을 수 있습니다.

캐나다 학교인 BHA는 'MAP 테스트'를 통해 학생들의 독해력과 수학적 사고능력을 평가하며, 교사들이 출제하는 영작 시험을 봅니다. 시험 과목에는 영어, 수학, 작문, 회화가 포함됩니다.

미국 학교인 SJA 역시 'MAP 테스트'를 통해 독해력과 수학적 사고능력을 평가하며, 중학생부터 영작 시험을 봅니다. 시험 과목은 영어, 수학, 작문 시험(중학생)을 보게 됩니다.

KIS는 'MAP 테스트'와 작문 시험을 진행합니다. KIS는 MAP 테스트 시간이 30분으로 다른 학교보다 10분 정도 짧으니 사전에 연습하는 것이 좋습니다. 시험 과목은 영어, 수학, 작문이 포함됩니다.

입학시험에서
무엇이 중요한가요?

　　국제학교 입학시험은 객관적인 시험 점수보다 면접관의 주관적인 평가 내용이 실제 합격 여부에 큰 영향을 줍니다. 국내 대학 진학이나 평가대회처럼 수치화된 점수로 순위를 매겨서 결정되지 않습니다.

　　제가 근무했던 국제학교에 지원한 한 학생은 MAP 테스트에서 전체 2등을 했습니다. 이 학생은 MAP 테스트 수학, 영어 점수 모두 상위 1% 안에 들었으며, 당연히 합격을 예상했습니다. 그런데 면접에서 너무 긴장한 나머지 면접관과 눈을 마주치지 못하고, 면접이 진행되는 내내 책상을 쳐다보며 이야기했습니다. 학생의 자세는 예의 바르고 특별히 문제될 부분은 없었습니다. 그러나 자신감 없는 작은 목소리와 긴장한 자세가 긍정적인 평가를 받기에는 역부족이었습니다. 최종적으로 당해 연도에 100명이 넘는 지원자가 있었고 최종 18명을 선발하였는데, 이 학생은 대기 합격을 받게 되었습니다.

다음은 면접을 진행한 교장선생님 또는 입학처장의 인터뷰 리뷰입니다. 합격자와 불합격자의 리뷰 내용을 보면서 차이가 무엇인지 확인할 수 있을 것입니다. 국제학교 입시를 준비하는 학생의 부족한 부분을 보완하여 좋은 결과를 얻을 수 있기를 바랍니다.

주요 평가 항목은 영어 수준(English fluency), 사회성과 태도(Social Fit), 학문적 지식(Academic) 등입니다.

✎ 합격자 리뷰

» 매우 지적인 소녀이며, 영어가 유창하여 우리는 제일 먼저 그녀를 선택할 것입니다! 이 여학생은 완벽합니다. 그녀는 질문에 대답할 때도 매우 합리적이고 논리적인 능력이 있음을 보여주었습니다.

» 이 학생은 매우 적극적인 언변가입니다. 그는 인터뷰와 영어 시험의 전 과정에서 모든 질문에 대답을 잘하였습니다. 그는 집중을 잘하고 질문에 대해 영어로 매우 잘 이해하며 답변도 잘하였습니다. 저는 이 학생을 적극 추천합니다.

» 이 학생은 영어의 인토네이션과 발음이 매우 정확하며 영어가 유창합니다. 그는 읽고 쓰는 능력이 탁월하며, 새로운 단어에 대해 정의하고 문장을 만드는 데도 능력이 있습니다. 독해 시험에서 그는 문단을 매우 부드럽고 유창하게 낭독하였으며 관련된 모든 질문에 대답을 잘하였습니다. 저는 그가 우리 학교에서 매우 훌륭하고 뛰어난 학생이 될 것임을 확신합니다.

» 이 학생은 매우 잘하였습니다. 그는 비록 모든 단어를 100% 알지는 못했지만 최선을 다했습니다. 그는 새로운 개념과 지식을 이해하려고 노렸하였으며, 인

터뷰 중에도 긍정적인 자세로 임하였습니다. 학생은 매우 예의 바르며, 인터뷰 내내 좋은 매너로 행동했습니다. 이 학생은 우리의 말을 귀기울여 들었으며 자신의 생각을 자주 공유하였습니다. 저는 우리가 이 학생을 선택해야 한다고 강력하게 추천합니다. 이 학생은 반드시 합격해야 합니다.

》 이 학생은 매우 적극적으로 이야기합니다. 그는 인터뷰 중 모든 질문과 시험 문제에 적극적으로 대답하였습니다. 그는 모든 질문에 진지하게 집중하였으며, 영어로 이해하는 능력이 상당히 뛰어납니다. 저는 이 학생을 적극 추천합니다.

 대기 합격자 리뷰

》 매우 사랑스러운 소년이지만 중학교로 진학하기에는 영어 실력이 부족합니다. 또한 그는 너무 긴장하였는지 자꾸 시선을 아래로 향했습니다. 확신이 없어 대기자로 분류합니다.

》 전반적으로 평균 이상입니다. 그의 영어 실력은 중간 정도의 레벨입니다. 그는 읽기에서 일부 단어를 읽지 못했지만 전반적으로는 괜찮았습니다. 그는 독해 단어의 대부분을 정의할 수 있는 능력이 있었습니다. 그는 짧은 문장을 읽을 때는 비교적 잘 대답하였습니다. 전반적인 정확도는 85% 정도입니다. 그가 읽고 이해하는 속도는 평균이었으며, 시험의 모든 영역에서 상당 부분 정확하지 못한 부분이 있었습니다. 종합적으로 평가하면, 이 학생을 합격시키는 것은 조심스럽지만 우리 학교에서 성공적으로 성장할 수 있는 잠재력은 있어서 대기자로 추천하고자 합니다.

》 매우 좋은 가족이었으며 부모님의 영어에 대한 열정과 지원이 대단하였습니

다. 이 학생의 다른 형제 지원자가 매우 뛰어나며, 이 학생도 함께 합격시키고 싶습니다. 영어로 듣고 말하는 능력은 우수하다고 생각합니다.

» 영어로 표현하는 것에 매우 고군분투하였습니다. 그는 영어로 생각하는 것이 어려워 보였습니다. 그는 80% 정도의 유창함을 가지고 있습니다. 제가 단어 정의에 대한 질문을 했을 때, 매우 단순한 문장을 사용하여 설명했습니다. 그는 독해 부분에서 어려움이 있어 보였으며, 일부 단어는 이해하지 못하였습니다. 그의 수학 성적은 높았으며, 모든 문제를 잘 풀었습니다.

✏️ 불합격자 리뷰

» 이 학생은 기존 학교의 학생기록부에 집중력 문제가 있다고 되어 있었으며, 영어 선생님도 집중력 저하 문제를 언급하였습니다. 저는 이 학생을 받고 싶지 않습니다. 기존 학교의 선생님도 이 학생은 매우 예의가 없으며 행동이 올바르지 않다고 기재하였습니다.

» 이 학생은 영어 능력이 매우 부족하여 우리 학교의 수업 프로그램을 따라올 수 없을 것이라 생각합니다.

» 이 여학생의 영어 이해 능력은 매우 낮으며 6학년의 학업 프로그램을 따라오지 못할 것입니다. 그녀의 수학 성적은 우수하나, 영어 스킬이 현저하게 부족하다고 판단됩니다.

» 그는 우리 학교의 학업 프로그램을 따라올 수 있는 실력이 아니며, 인터뷰 질문도 이해하지 못하였습니다. 사랑스러운 소년이지만 현재 이 학생의 영어 실력으로는 우리 학교에서 받아주기 어렵습니다. 학생 기록부에 따르면 교우들

과 문제가 있으며 또래에 비해 비성숙하다고 기재되어 있는 점도 우려됩니다.

》 이 학생은 영어 실력이 매우 뛰어나지만, 기존 학교에서 친구들과 매우 안 좋은 일이 있었다고 생활기록부에 적혀 있습니다. 또한 그의 부모도 기존 학교의 정책에 강하게 항의하며 마찰을 일으킨 것으로 되어 있습니다. 이 학생은 영어 실력은 뛰어나지만, 저는 이 학생을 우리 학교 공동체의 일원이 되는 것에 반대합니다.

26

국제학교는
어떤 학생을 선호하나요?

인터뷰를 진행하다 보면 학부모들에게 많이 받는 질문이 있습니다. '학교가 선호하는 학생의 특징이 궁금해요', '올해는 우리 아이가 불합격했는데 내년에는 학교가 선호하는 스타일을 미리 알고 준비하려고 합니다'와 같은 질문입니다.

한국에서는 이와 같은 질문이 당연시되지만 외국인 입장에서 봤을 때 이런 질문은 매우 당혹스러울 수 있습니다. 학생마다 각자의 개성과 고유의 잠재력이 다른데 부모가 학교에서 선호하는 학생 스타일을 파악해서 자녀에게 연습시킨다고요? 어떻게 그럴 수 있죠? 몇몇 외국인 교사는 이런 질문을 듣고 한국인 부모가 너무 무섭다고 했습니다. 아마 한국에서는 학생들이 친구들과 경쟁하고 서로 비교하는 것에 익숙한 데 반해 외국인 교사들에게는 그렇지 않은 데서 오는 문화적 차이인 것 같습니다.

국제학교에서는 '다양성(Diversity)에 대한 존중'을 매우 중요하게 생각합니다. 특히 인종, 성별, 재산, 학력, 출신 등으로 학생을 구별하거나 차별하는 행위는 용납되지 않습니다. 이런 분위기에서 학생은 각자의 개성과 색깔을 존중받기 때문에 특별히 학교가 선호하는 전형(Stereo Type)이 따로 없습니다. 그러므로 이런 방식으로 학생을 훈련(?)한다는 게 더더욱 넌센스로 보일 것입니다.

그럼에도 불구하고 국제학교에 합격하는 학생들의 몇 가지 특징들은 분명히 존재합니다. 아래 학생들의 사례를 통해 국제학교에서 좋아하는 학생의 유형에 대해 알아보겠습니다.

중학교에 지원한 A는 영어가 편하지 않은 학생이었습니다. 영어로 진행되는 인터뷰 질문조차 명확하게 이해하지 못하였습니다. 그럼에도 그냥 모른다고 답변하지 않았고, 대신 본인이 이해가 안 가는 부분에 대해 명확하고 솔직하게 답변하였습니다. 아울러 A학생은 인터뷰 교사에게 학습 분야와 탐구 방법에 대해 도움을 주면 입학 후에 더욱 발전시켜 보겠다고 자신감 있게 답변하였습니다. 인터뷰 교사는 A학생의 태도가 기특하다며 후한 점수를 주었습니다.

반면 같은 중학교에 지원한 B학생의 경우 기존 학교의 성적도 우수했고 인터뷰 질문에도 답변을 명쾌하게 잘하였습니다. 그러나 B학생이 손에 종이를 하나 들고 있었는데 그 종이에는 영어로 답변할 때 시작하는 문장들을 미리 적어 두었습니다. 물론 인터뷰 질문과는 대부분 관련이 없는 내용이었고, B학생도 본인이 긴장했을 때를 대비해서 몇 가지 영어 문구를 준비해 온 것이었습니다. 하지만 B학생은 부정행위(Cheating)에 준한 낮은 평가를 받아 결국 불합격했습니다.

위의 두 가지 사례를 통해 알 수 있듯이 성적이나 영어 실력이 좋다고 해서 합격하고, 영어 실력이 부족하다고 해서 불합격하는 것은 아닙니다. 분명한 점은 국제학교에서는 성적이 좋은 학생보다는 예의 바르며 자신감 있게 본인의 생각을 표현할 줄 아는 학생을 선호한다는 것입니다.

▶ 국제학교에 합격한 학생 유형

- 유쾌하고 재치 있는 학생

- 자율적이고 주체적인 학생

- 본인 생각의 근거를 명확하게 표현하는 학생

- 사고가 유연한 학생

- 타인을 존중하고 배려하는 학생

- 예의가 바르지만, 경직되지 않은 학생

- 창의적이고 사회성이 좋은 학생

- 국제학교에 진학하는 의지와 이유가 분명한 학생

- 이타적이고 공동체를 중요하게 생각하는 학생

- 사회적인 현상이나 문제에 자신의 관점이 확실한 학생

입학 전에
무엇을 준비하면 좋을까요?

학부모 면접에서 공통적으로 나오는 질문 중 하나는 국제학교에 입학하기 전에 준비해야 할 사항입니다. 자녀가 부족한 영어실력을 위한 회화 학원을 다니는 것이 도움이 될지, 수학 진도는 미리 선행을 해야 하는지, 국어나 사회 교과목 공부를 별도로 준비해야 할지 등등.

국제학교의 교사들은 한결같이 학생이 관심 있는 분야의 영어 책이나 잡지 혹은 인터넷 사이트를 통해 읽는 훈련을 하라고 조언합니다. 영어 실력은 학교에 입학한 후 가랑비에 옷이 젖듯이 시간이 해결해줄 것입니다. 그러나 학교 수업은 아무래도 교과서와 페이퍼를 읽고 쓰는 형식에 기반을 두고 있기 때문에 읽기 훈련이 되어있지 않으면 아무리 영어를 유창하게 구사한다고 해도 아카데믹한 부분에서는 좋은 성적을 받기 어려울 수 있기 때문입니다.

다음으로 중요한 것은 자녀가 또래와 잘 어울릴 수 있도록 돕는 것입니다. 학교 생활의 대부분은 친구들과 어울려 지내기 때문에 사실상 교우관계가 무척 중요합니다. 따라서 학업에 대한 준비보다는 자녀가 친구들과 상호작용하는 방법과 의사소통 능력을 향상시킬 수 있도록 돕는 것이 좋습니다. 특히 국제학교는 학급에서 친구들과 팀별로 하는 과제가 많기 때문에 원만하지 못한 교우관계는 학업에서도 좋은 성과를 거두기 어렵습니다.

국제학교의
입학 경쟁률은 어떤가요?

    학부모들은 단순히 자녀를 해외 유수한 대학에 진학시키겠다는 목적만으로 국제학교를 선택하지 않습니다. 오히려 앞으로 다가올 4차 산업혁명 시대를 내다보고 한국식 입시교육보다는 창의성을 갖춘 글로벌 인재로 키우고자 국제학교를 선택하는 경우가 많습니다. 자녀에게 영어를 기반으로 한 유연하고 자율적인 학습 분위기를 제공하기 위해서 국제학교 프로그램을 선호하는 것입니다.

    국제학교는 유치원부터 고등학교까지 장기간의 교육 프로그램을 제공합니다. 따라서 일단 국제학교에 입학을 하게 되면 고등학교 입시를 별도로 준비해야 하는 부담이 없습니다. 또한 지속적인 친구 관계 유지가 가능하기 때문에 정서적인 안정과 탄탄한 인적 네트워크 형성이 가능합니다. 기존 외고나 특목고의 경우 공부를 잘하는 학생만으로 진학 여부를 결정했다면 국제학교는 학생의 학업 수준뿐만 아니라 경제적 수준까지 고려하기 때문에 인적 네트워크의 퀄리티가 높다고 할 수 있습니다. 고소득의 차별화된 인적 네트워크 형성이 가능하다는 부분도 부정할 수 없는 국제학교 진학의 중요한 이유 중 하나입니다.

그럼 최근 국제학교 입학 경쟁률에 대해서 알아보도록 하겠습니다.

제주국제학교의 입학 경쟁률은 코로나19 이전과 이후로 크게 차이가 있습니다. 코로나 이전에는 상대적으로 먼저 설립되고 입시 결과가 좋았던 NLCS가 정원을 가장 먼저 채운 반면, 여학교인 BHA와 신설 학교인 SJA는 정원의 70% 정도의 충원율을 보였습니다. 따라서 코로나 이전에는 제주국제학교 입학이 그렇게 치열하거나 어렵지 않았습니다.

그러나 코로나19 이후에는 해외에서 공부하던 유학생들이 제주의 국제학교로 꾸준히 유입되면서 현재 제주의 4개 국제학교 모두 정원 초과 상황입니다. 더구나 영어를 잘하는 유학생의 대거 유입으로 인해 재학생의 학업과 영어 수준도 예전에 비해 상향 평준화되었습니다. 최근 2개년 대학 진학 및 입학시험의 평균 점수가 급격하게 상승한 것도 이런 요인 때문으로 파악됩니다. 이로 인해 코로나19 이후에는 입학 정원도 제한적으로 운용되며 입학 경쟁률 또한 매우 치열한 상황입니다.

제주의 국제학교는 학년별로 입학 가능한 정원이 차이가 나기 때문에 학급 수가 늘어나는 학년에 진학을 고려하는 것도 전략적인 방법이 될 수 있습니다. 예를 들면 SJA 제주의 경우 Kinder의 학급 수는 2개이고, G1의 학급 수는 5개입니다. (2021-22년 학사년도 기준) 따라서 G1으로 지원하게 되면, 학급당 16~18명의 학생이 배정되므로 3학급 증가에 따른 신규 증원 수가 48~54명입니다. 모집 정원이 한 자리 이내인 학년으로 지원하는 것보다 G1의 경우처럼 추가 정원이 늘어나는 학년에 지원하는 것이 상대적으로 합격 가능성이 높겠습니다. 학교별 학급 수와 학생 정원은 제주 교육청 홈페이지의 국제학교 정보공시란을 참고하면 됩니다.

▶ NLCS 제주 학년별 학급 현황

과정	구분(2021-2022학년도)								
	편제 정원	학급 수 (A)	학생 수						학급당 학생 수 (B/A)
			국적별			성별			
			외국인	내국인	계(B)	남	여	계(B)	
Reception	24	2	15	29	44	23	21	44	22.0
Year1	24	3	12	54	66	28	38	66	22.0
Year2	24	3	15	51	66	35	31	66	22.0
Year3	24	3	9	57	66	36	30	66	22.0
Year4	24	4	6	82	88	59	29	88	22.0
Year5	96	4	10	78	88	55	33	88	22.0
Year6	96	4	9	79	88	49	39	88	22.0
Year7	132	6	16	111	127	65	62	127	21.2
Year8	132	8	14	141	155	76	79	155	19.4
Year9	160	8	7	145	152	87	65	152	19.0
Year10	160	8	14	154	168	88	80	168	21.0
Year11	180	7	10	111	121	79	42	121	17.3
Year12	216	7	10	126	136	78	58	136	19.4
Year13	216	6	3	115	118	70	48	118	19.7
총계	1,508	73	150	1,333	1,483	828	655	1,483	20.3

※출처: 제주특별시 교육청 공시자료

▶ BHA 제주 학년별 학급 현황

과정	구분(2021-2022학년도)									
	편제 정원	학급 수 (A)	학생 수							학급당 학생 수 (B/A)
			국적별			성별				
			외국인	내국인	계(B)	남	여	계(B)		
JKPrep		1	1	15	16	3	13	16		16
JK	36	2	2	33	35	13	22	35		17.5
SK	36	3	2	52	54	11	43	54		18
1	80	3	9	50	59	9	50	59		19.7
2	80	3	8	53	61	13	48	61		20.3
3	80	3	7	54	61	1	60	61		20.3
4	80	3	2	57	59	3	56	59		19.7
5	80	3	4	59	63	2	61	63		21
6	80	3	3	57	60	0	60	60		20
7	110	4	12	76	88	0	88	88		22
8	110	4	9	80	89	0	89	89		22.3
9	110	4	8	83	91	0	91	91		22.8
10	110	4	10	71	81	0	81	81		20.3
11	110	4	11	75	86	0	86	86		21.5
12	110	5	7	85	92	0	92	92		18.4
총계	1,212	49	95	900	995	55	940	995		18.09

※출처: 제주특별시 교육청 공시자료

▶ SJA제주 학년별 학급 현황

과정	구분(2021-2022학년도)								학급당 학생 수 (B/A)
	편제 정원	학급 수 (A)	학생 수						
			국적별			성별			
			외국인	내국인	계(B)	남	여	계(B)	
PK3	18	1	4	8	12	5	7	12	12
PK4	36	2	11	21	32	17	15	32	16
Kinder	36	2	7	25	32	14	18	32	16
G1	90	4	12	59	71	43	28	71	17.8
G2	90	4	7	65	72	55	17	72	18
G3	90	5	7	81	88	58	30	88	17.6
G4	90	4	9	63	72	48	24	72	18
G5	90	4	8	64	72	48	24	72	18
G6	90	5	6	84	90	64	26	90	18
G7	100	5	5	84	89	55	34	89	17.8
G8	100	5	4	85	89	69	20	89	17.8
G9	100	5	7	91	98	62	36	98	19.6
G10	108	6	7	99	106	61	45	106	17.7
G11	108	4	11	59	70	39	31	70	17.5
G12	108	3	3	49	52	31	21	52	17.3
총계	1,254	59	108	937	1,045	669	376	1,045	17.3

※출처: 제주특별시 교육청 공시자료

MAP 테스트는
어떻게 준비하나요?

국제학교 입학시험을 준비하다 보면 학생들이 가장 낯설어하는 것이 바로 MAP 테스트입니다. 시험에 대한 정보나 자료가 많지 않기 때문에 시험 준비 과정에서 막막할 수 있습니다. 그럼 MAP 테스트가 무엇인지 그리고 어떻게 시험 준비를 해야 하는지 알아보겠습니다.

MAP테스트는 NWEA(NorthWest Evaluation Association)라는 미국의 교육기관에서 주관하는 시험 중 하나입니다. NWEA는 미국의 오리건 주에 위치한 비영리단체로서 학생들의 성적 수준을 평가하고 학업 능력을 개발하기 위해 MAP 테스트라는 평가시험을 만들었습니다. MAP 테스트는 현재 세계 145개 국가의 학교나 교육기관에서 광범위하게 활용되고 있으며, 국제학교에서도 학생들의 입학시험 용도로 혹은 입학 후에도 학업 평가 용도로 활용하고 있습니다.

MAP 테스트 시험 문제는 응시한 학생의 수준에 맞추어 난이도가 조절

되고 문제가 바뀌는 형태이기 때문에 시험을 여러 번 보더라도 같은 문제를 풀 확률은 매우 낮습니다. MAP 테스트는 단순히 점수보다는 상대적인 위치를 표시하는 백분위(%)가 더욱 중요합니다. 각 과목 당 배점은 260점으로 상위 1% 안에 드는 우수한 학생의 경우 250점 이상을 받습니다.

국제학교에서는 NWEA의 MAP 테스트를 입학시험으로 활용하고 있는데, 시험 과목은 영어 독해(Reading)와 수학(Math)입니다. 시험 시간은 과목 당 30~40분이 소요되는데 문제를 푸는 시간이 생각보다 부족하지는 않습니다. 시험을 감독하다 보면 20분 내에 다 풀고 제출해버리는 학생도 상당수 있습니다. 그러나 학생이 문제를 빨리 푼다고 높은 점수를 주는 시험은 아니기 때문에 차분히 정답을 찾는 것이 유리합니다.

시험은 학생 개인별 실력에 따라 테스트의 구성 세트가 바뀌는 형식이라서 컨닝 자체가 불가능합니다. 즉, 학생이 처음 문제의 정답을 맞히면 이어서 난이도가 더 높은 문제가 나옵니다. 반대로 학생이 처음 문제에서 오답을 고르면 이어서 더 쉬운 문제가 나옵니다. 따라서 어려운 문제를 많이 받아서 시험이 전체적으로 어렵다고 느낀 학생들은 생각보다 점수가 잘 나오는 편이며, 쉬운 문제를 받아서 잘 보았다고 생각한 학생의 점수는 오히려 낮게 나오는 경우가 많습니다.

MAP 테스트는 국제학교 지원 후 15일에서 30일 사이에 보게 됩니다.

영어 독해(Reading) 시험은 총 20문제로 40분 동안 진행됩니다. 평소 영어 책을 즐겨 읽거나 독해 후 답을 찾는 훈련이 잘 되어 있는 경우 좋은 점수를 받을 수 있습니다. 독해 능력은 단기간에 실력이 향상되는 과목이 아니므로 평상시 영문 독해력에 따라 점수가 좌우됩니다. 통상 한국 학생들의 경우 수학 점수에 비해 영어 독해 점수가 낮은 편입니다. 영어 독해에서 좋은 점수를 받기 위해서는 평소 영어책 읽기를 습관화하기를 추천하며 단기간에 점수를 올리기 위해서는 MAP 테스트 샘플 문제를 풀어보는 것도 도움이 됩니다. 참고로 국제학교에 합격한 학생들의 독해 점수 평균은 220~250점 사이(260점 만점, 2022년 입학생 기준)입니다.

수학(Math) 시험은 총 20문제로 역시 40분 동안 진행됩니다. 수학 시험의 난이도는 한국의 동일 학년 대비 그리 높은 편은 아니기 때문에 영어로 표현되는 수학 용어에 익숙한 학생이라면 비교적 높은 점수를 받는 편입니다. 그러나 수학을 잘하는 학생일지라도 영문으로 표기된 수학 용어에 익숙지 않을 경우 문제를 이해하지 못해서 오답을 고르거나 점수가 낮습니다. 따라서 반드시 시험 전에 수학 용어집을 구매하여 학습하거나 Khan Academy 사이트 등에서 무료 수학 문제를 다운받아 풀면서 영문 수학 용어에 익숙해지기를 추천합니다. 국제학교에 합격한 학생들의 수학 점수 평균은 230~250점 사이(260점 만점, 2022년 입학생 기준)입니다.

국제학교 합격에 있어서 MAP 테스트 점수가 절대적인 평가 기준은 아니기 때문에 시험에 너무 스트레스받을 필요는 없습니다. 중·고등학생의 경우에는 입학사정 시 기존 재학 중인 학교의 내신 성적인 GPA 점수를 중요하게 고려하고 있고, 저학년의 경우 인터뷰 과정에서 학생의 역량을 높이 평가되거나 적극성과 사회성 부문에서 높은 평가를 받을 경우 합격 가능성을 높일 수 있습니다.

에세이 시험은
어떻게 준비하나요?

대부분의 국제학교는 입학시험에서 에세이(Writing) 시험을 보고 있습니다. 각 학교별로 에세이 시험을 보는 기준과 주제는 상이하지만, 작문 시험을 통해 학생의 논리적인 사고력을 평가하고 입학 후 영어로 진행되는 수업을 잘 따라올 수 있는지 여부 등을 확인합니다.

에세이 시험의 주제는 학교별로 상이하지만 시험 방식은 대동소이합니다. 일반적으로 2~3개의 작문 주제를 제시한 후 학생이 원하는 주제를 골라서 1페이지 정도로 작성하게 됩니다.

주제는 크게 3가지 유형으로 분류해볼 수 있는데, 첫째는 일반 시사에 관한 내용으로 찬성 혹은 반대 의견을 쓰는 유형, 둘째는 일상적인 생활에 관련된 주제를 자유롭게 서술하는 유형, 마지막으로 형이상학적이고 초현실적인 주제에 대해 상상력을 발휘하여 기술하는 유형입니다. 별도의 작문 형식을 요구하지는 않지만, 각 유형별로 글을 전개하는 방식을 익혀서 작문 연습을 하는 것이 도움이 됩니다.

국제학교 교사들은 학생들의 천편일률적인 글보다는 창의적인 아이디어를 논리적으로 전개한 작문에 높은 점수를 부여하는 편입니다. 특히 외국인 교사들은 부정행위(Cheating)에 대해서는 매우 심각한 범죄로 간주합니다. 따라서 에세이 시험 시 타인의 글을 외우거나 그대로 옮겨 쓰는 식의 작문은 절대 하지 않도록 명심해야 합니다.

제주국제학교 학교별 작문 시험을 간단히 살펴보면, SJA는 중학교 지원자만 작문 시험을 치릅니다. 초등학생은 에세이를 작성하기에는 아직 어리다고 판단하고, 고등학생은 타 시험과 내신성적 등을 통해 이미 작문 실력을 갖춘 것으로 간주하기 때문입니다. 반면 BHA는 초등학교 지원자도 영어와 모국어로 간단한 작문 시험을 봐야 하고, 중·고등학교 지원자 모두 에세이 시험에 응시해야 합니다. NLCS 또한 전 학년 작문 시험을 보고 있습니다. 세 학교 모두 에세이는 학생들의 자필로 적도록 하고 있으며 치팅 방지를 위해 컴퓨터 사용은 불허합니다.

면접은
어떻게 준비하나요?

국제학교 입학시험에서 합격여부를 결정하는 가장 중요한 평가라고 하면 면접(인터뷰)을 꼽을 수 있습니다. 비록 MAP 테스트나 영어 실력이 부족하다고 하더라도 인터뷰에서 높은 점수를 받을 경우 이를 만회하고 합격하는 학생이 다수입니다. 인터뷰어로 참여한 교장 선생님이나 입학처장이 잠재력이 뛰어난 학생이라고 판단되면 'Highly Accept'로 표시하는데, 이런 경우 이 학생은 꼭 합격시키고 싶다는 면접관의 강력한 의사 표현입니다. 인터뷰를 하다 보면 유난히 합격 점수를 주고 싶은 학생의 유형이 있습니다. 그럼 인터뷰 시 국제학교에서 원하는 학생 유형과 유의할 점에 대해 알아보겠습니다.

가령 A라는 학생은 현재 다른 국제학교에 재학 중으로 영어를 유창하게 구사하며 학업 성적도 우수합니다. 인터뷰 중에 면접관이 학교를 옮기려 하는 이유와 입학 후 학습 목표에 대해 물었습니다. A는 학교를 옮기려는 이유에 대해 기존 학교에서 친구들과 사이가 좋지 않아서라고 대답하였고, 입학 후 목표는 좋은 대학을 가기 위함이라고 답하였습니다. 이에 면접관은 우리 학교가 학생에게 어떤 도움을 줄 수 있을지에 대해 물었습니다. 학생은 본인의 내신성적(GPA 점수)이 높고 AP 점수, SAT 점수(미국의 대학입학시험)를 높게 받을 수 있을 것이라고 답하였습니다. 그런데 학생의 대답하는 태도는 성의가 보이지 않았고, 학교에 반드시 입학하고 싶다는 열정도 느껴지지 않았습니다. 인터뷰를 마친 후 면접관은 "우리 학교를 왜 지원했는지에 대한 명확한 이유나 목표를 찾기 어려우며 교우들과 문제가 있는 학생을 원하지 않는다"며 입학을 거절하였습니다. A학생은 성적도 우수하여 좋은 대학에 합격이 기대되는 학생이었지만, 통상 국제학교에서는 단순히 명문대학 진학 가능성보다는 학교 공동체에 잘 어울리는 학생을 더 선호합니다.

다른 예로, B라는 학생은 한국학교에 재학 중으로 영어는 꽤 잘하는 편이었습니다. 인터뷰에서 면접관으로 참여한 교장 선생님은 여러 장의 사진을 보여주며 이 사진들에 대해서 학생이 생각나는 내용을 답변하라고 질문했습니다. B학생은 잠시도 머뭇거림 없이 마치 사전에 준비한 듯한 내용을 줄줄이 유창한 영어로 답변하였습니다. 아마도 B학생은 학원이나 유학원에서 국제학교 예상 질문을 여러 번 연습했던 것 같습니다. 교장 선생님의 질문에 학생은 모범답안과도 같은 지루한 답변을 이어갔고 태도는 다소 긴장한 듯 경직되어 있었습니다. 이렇게 B학생은 모든 인터뷰 질문에 막힘없이 답했지만 매우 낮은 점수를 받고 불합격 처리되었습니다. 인터뷰 후 교장 선생님은 학원 출신 학생인 것 같다며 인터뷰 질문이 유출된들 면접 점수에 아무런 도움이 되지 않는다는 것을 알아야 할 텐데, 하면서 학생의 불합격을 아쉬워했습니다. 이처럼 국제학교는 인터뷰 질문의 정답과 오답 여부를 중요시하지 않습니다. 오히려 학생이 자신의 생각을 얼마나 논리적이고 자신 있게 표현할 줄 아는지 여부, 명확한 근거와 이유를 제시하여 답변하는 능력에 대해 높은 점수를 부여하고 있습니다.

마지막으로 C학생은 초등학교 지원자로 영어는 매우 서툴렀지만 다행히 질문 내용에 대해서는 대부분 이해하는 수준이었습니다. 면접관은 C학생에게 좋아하는 동물이 있는지 물어보았습니다. C학생이 고양이를 좋아한다고 하자 면접관은 집에서 고양이를 키우는지 물었습니다. C학생은 만약 고양이를 집에서 키우면 고양이보다 작은 동물들이 무서워하기 때문에 집에서 고양이를 키우지는 않는다고 답변했습니다. C학생의 솔직하고 창의적인 답변에 면접관은 매우 흡족해하면서 나중에 크면 어떤 사람이 되고 싶은지 물었습니다. C학생은 자연을 사랑하고 존중하는 어른이 되고 싶다고 하면서 제주국제학교가 이런 어른으로 성장하는 데 많은 도움이 될 것 같아서 지원하게 되었다고 답변하였습니다. 아직 어린 나이임에도 C학생은 본인의 생각과 가치관에 대해 명쾌하고 자신감 있게 답변하였습니다. 심지어 C학생은 영어가 서툴러서 중간에 한국말로 답변하였고, 이를 통역 선생님이 번역해줘야 했습니다. 그럼에도 인터뷰를 마친 후 면접관은 오늘 인터뷰한 학생 중 가장 사랑스러운 학생이라면서 'Highly Accept' 점수를 주었고 C학생은 당연히 합격하였습니다.

위 세 학생의 합격, 불합격 사례를 통해 알 수 있듯이 국제학교 인터뷰는 질문에 대한 정답 여부가 크게 중요하지 않습니다. 면접관은 학생의 답변이 맞는지 여부를 체크하지 않고, 오히려 학생이 본인의 생각을 갖고 있는지 그리고 이를 명확하고 재치 있게 표현하고, 때로는 유연하게 대처할 줄 아는 능력을 중요하게 평가합니다.

즉 국제학교는 창의적이고 유쾌한 학생을 좋아합니다. 따라서 국제학교 입학을 원한다면 자녀가 정답을 찾는 훈련에 치중하지 않도록 지도하는 게 중요합니다. 이는 짧은 시간 학원이나 유학원에서 훈련한다고 바뀔 수 있는 부분이 아니기 때문입니다.

입학에 필요한 서류는
무엇인가요?

국제학교에 제출하는 모든 입학 원서 및 서류는 영어로 작성 해야 합니다. 입학 지원서는 국제학교 홈페이지의 입학처 화면에서 다운로 드받거나 직접 입력할 수 있습니다. 홈페이지 접속 시 번역기를 켠 상태로 입학 지원 사이트에 접속할 경우 글자가 이상하게 보이거나 잘못 번역되는 경우가 있으니 주의해야 합니다. 그럼 입학 원서를 지원하는 절차를 순서대 로 알아보겠습니다.

1) 지원서 작성 및 제출

지원 사이트의 기본 정보란을 작성하는 것으로 시작합니다. 학생의 이 름, 나이, 주소, 보호자, 재학 학교, 학년 정보, 성별, 국적 등 신상 정보를 작 성합니다. 국적은 Republic of Korea 또는 South Korea를 선택합니다. 간 혹 북한으로 국적을 잘못 고르는 분이 있는데, Democratic of Korea를 고르는 일이 없도록 유의해야 합니다. 다음으로 기본적인 학부모 질문지에 YES/NO로 체크하는 질문들이 있고, 서술형 질문이 나옵니다. 서술형 질문에도 영어로 답해야 하기 때문에 여기서부터 학부모들이 스트레스를 받기 시작하는데, 학부모의 영어 실력을 평가하는 것이 아니므로 크게 부담 가질 필요는 없습니다. 한글로 간단히 작성한 후에 구글이나 파파고 번역기 등을 사용해도 됩니다. 완벽한 문장이 아니어도 평가에 지장이 없습니다. 그리고 몇 장에 걸쳐서 길게 작성하지 않도록 주의합니다. 너무 상세하게 작성하는 경우 지나치게 요구사항이 많은 학부모로 오해받아 오히려 불이익을 받을 수 있습니다.

2) 기존 학교의 생활기록부와 성적표 제출

국제학교에서는 통상 최근 2년간의 성적과 생활기록부를 요구하고 있습니다. 학생의 최근 성적과 활동 내역은 입학사정 과정에서 매우 중요한 자료로 활용됩니다. 지원서 사이트에서 TRF(Transcript Release Form)을 다운받습니다. 이 서류에는 학부모 서명이 필요하며 재학 중인 학교의 담임 선생님에게 전달해야 합니다. 기존 학교의 담임 선생님은 TRF 서류를 작성한 후 직접 자녀가 지원한 국제학교로 팩스 또는 이메일을 통해 전송해야 합니다. 따라서 본 서류는 학부모가 사전에 열람할 수 없습니다. TRF는 학생의 학습장애 여부 확인 및 정학 등의 학교생활 전반적인 내용을 기재하는 자료로, 미국에서 학생이 전학을 갈 경우 일반적으로 사용되는 서류입니다.

생활기록부는 재학 중인 학교의 행정실에 신청하면 발급받을 수 있습니다. 생활기록부 원본을 영어로 번역하고 공증을 받아야 하는데, 이때 번역과 공증을 한 번에 해주는 공증 기관에 맡겨야 합니다. 이후 공증받은 생활 기록부, 성적표 원본과 번역본을 함께 동봉하여 지원하는 국제학교로 우편 발송합니다. 일반적으로 공증 기관에서 우편 발송 서비스까지 제공합니다.

3) 교사 추천서 제출

국제학교 입학 평가 과정에서 기존 학교 선생님의 추천서는 굉장히 중요합니다. 그러므로 추천서를 작성할 선생님을 신중히 선택하고, 가급적 좋은 평가를 받을 수 있도록 정중히 부탁을 해야 합니다. 만약 한국학교에 재학 중일 경우, 추천서를 부탁받은 담임 선생님이 영문 추천서 작성에 상당한 부담을 느낄 수도 있기 때문에 이 점을 최대한 고려해서 양해를 구하는 게 좋을 듯합니다. 초등학생의 경우 담임 선생님에게 추천서를 받아야 하며, 중·고등학생은 수학, 영어 그리고 담임 선생님으로부터 각각 추천서를 받아서 제출해야 합니다. 추천서 내용은 주로 학생의 리더십과 학습태도, 탐구심과 사회성을 부각시킬 수 있는 사례 위주로 작성하면 좋은 평가를 받을 수 있습니다.

이상 입학 지원 관련 모든 서류가 제출되면 입학처에서는 제출된 서류의 내용을 확인한 뒤에 입학시험과 인터뷰 일정을 잡습니다. 학교는 학생이 제출한 모든 서류와 시험점수를 합산하여 종합 평가한 후 최종 합격자를 결정합니다.

학부모 질문서와
면접은 어떻게 준비하나요?

　　국제학교 입학을 준비하면서 학생뿐만 아니라 학부모도 은근히 부담을 느끼는 부분이 있습니다. 바로 학부모 질문서 작성과 학부모 인터뷰입니다. 실제로 내용을 보면 큰 부담을 가질 필요는 없지만, 그래도 혹여나 자녀의 진학에 흠이 될까 봐 노심초사하는 경우가 많습니다.

　　우선 학부모 질문서는 정말 부담을 가질 필요가 전혀 없습니다. 국제학교에서 학부모 질문서를 받는 이유는 자녀의 성향을 파악하는 데 도움이 되기 때문입니다. 예를 들어 자녀에게 심각한 알레르기 반응이나 병력이 있는 경우 학교에서 사전에 이를 알고 있어야 하기 때문에 학부모 질문서는 매우 유용하게 활용됩니다. 학생이 알러지가 있다는 사실을 미리 파악한 경우 해당 학생의 식단이나 야외 학습의 어려움에 미리 대비해야 하므로 이러한 내용은 솔직하고 자세하게 답변하는 것이 좋습니다. 또한 학부모 질문서 작성 시에는 영어 문법이나 문장의 정확도는 크게 신경 쓰지 않아도 됩니다. 실제로 많은 학부모가 질문서 작성 시 영어 내용이 틀릴까 봐 우려를 하는데 사실 그럴 필요가 없습니다. 먼저 한글로 질문서에 대한 답변을 기재한 후 구글번역기 등의 도움을 받아 간단하게 작성해서 제출하면 됩니다. 질문서는 1장을 넘지 않도록 작성합니다. 앞서 말했듯 너무 길게 작성하는 경우에는 오히려 좋지 않은 인상을 줄 수 있습니다. 학교 일에 사사건건 간섭하며 힘들게 하는 학부모로 오해받을 수 있으니 주의하기 바랍니다.

학부모 질문서보다 더 걱정하는 부분이 바로 학부모 인터뷰입니다. 사실 학부모 인터뷰는 학부모의 교육관이나 철학을 알고자 하는 질문이 대부분이기 때문에 학부모의 인터뷰 내용이 자녀의 합격 결과에 큰 영향을 미치지는 않습니다. 하지만 간혹 학부모님이 인터뷰 중 국제학교의 교육철학에 맞지 않는 프로그램이나 교육 방침을 무리하게 요구하는 경우가 있는데, 이럴 경우에는 자녀의 합격에 좋지 않은 영향을 미칠 수 있으니 주의해야 합니다.

다음은 학부모 질문지의 주요 내용이니 참고하기 바랍니다.

- 우리 학교에 대해서 어떻게 알게 되었으며, 자녀가 지원한 동기는 무엇인가요?
- 우리 학교가 자녀에게 적합할 것 같은 이유가 무엇인가요?
- 자녀가 어떤 활동을 좋아하나요?
- 새로운 또래 친구들과 환경에 잘 적응하나요?
- 자녀에게 도움이 필요한 사항이 있나요?
- 기존 학교에서의 생활이나 교우관계에 대해서 말씀해주세요.

- 또래 집단과 어떻게 상호작용하나요?

- 자녀가 두려움을 느끼는 대상이나 화나는 경우가 있나요?

- 자녀가 본인의 생각을 잘 표현하나요?

- 자녀에게 학업 도움이나 특별한 카운슬링이 필요한가요?

아래에 학부모 질문지와 답변의 예시를 첨부합니다.

(수정하지 않은 실제 학부모 답변이며 주어는 Peter로 통일했습니다.)

▷ 학부모 질문서와 답변 샘플(Example 1)

1. Explain the type of preschool experience that your child has had prior to this year. Please include details of whether the program was half-day or full-day and how many days a week it involved. (귀하의 자녀가 다닌 유치원 경험의 유형을 알려주세요. 유치부 프로그램이 반나절인지 종일인지, 일주일에 며칠이 소요되었는지에 대한 세부 정보를 포함해서 작성 부탁드립니다.)

☞ Peter currently is attending a daycare center 5 days a week. The daycare center offers a variety of programs such as making food (gimbap). The curriculum is aimed for Peter's physical development, language development, senses, and expression, etc.

2. In new or unfamiliar situations, how does your child react when separating from you?(새로운 상황이나 낯선 상황에서 자녀가 부모님과 분리될 경우 어떤 반응을 보이나요?)

☞ Peter is very social and enjoys interacting with other children. When he feels safe, he doesn't attach to us.

3. Please make any special notes of any fears or anxiety your child may have. (자

녀가 가질 수 있는 두려움이나 불안에 대해 알려주세요.)

☞ I don't worry about him, but his English is not enough to be familiar with friends at School for a while.

4. Please give a description of your child's personality and note any special interests and the things he or she likes to do.(자녀의 성격에 대해 설명하고, 자녀가 특별히 관심을 갖고 있는 것과 좋아하는 것에 대해 서술해주세요.)

☞ Peter is such a great story teller. So, he wants to be a writer or the famous actor in the future. I think that he enjoys drama and concerts.

5. Describe your child's ability to communicate. Is your child able to make his or her wants and ideas easily and clearly understood?(자녀의 의사소통 능력을 설명해 주세요. 자녀가 자신의 욕구와 아이디어를 쉽고 명확하게 이해하고 표현할 수 있나요?)

☞ Peter is good at communicating with peers and teachers as well. He is still developing his language skills and there are many words he mispronounces but all according to his age. He can express complex ideas and thoughts about his environment, what he likes or dislikes, or about mom and dad.

6. Please note any further information that you feel will be useful to our teachers in providing the best environment for your child.(귀하의 자녀에게 최상의 환경을 제공하는 데 있어 교사들에게 도움이 될 것이라고 생각되는 추가 정보를 적어 주십시오.)

☞ Peter loves to share his stories and worries with his teachers and parents as well. So, he will be appreciated with compliments and encouragement from teachers. We also try to share his daily stories and cheer his efforts up as possible as we can.

▷ 학부모 질문서와 답변 샘플(Example 2)

1. Explain the type of school experience that your child has had prior to this.

Please include details of academics and habits of learning.(귀하의 자녀가 전에 다닌 학교의 경험에 대해서 이야기해주세요. 학업적인 부분과 학습 습관 등에 대해 세부적으로 이야기해주세요.)

☞ Peter has already had the experience of transferring to the school. He did quite well at those schools. He was closed to his friends and studied hard in the classes, so there was no problem in his school life. Peter has studied English for 5 years (full time at ECC Academy for preceding 2 years and 2 hours a day for later 3 years.) He was quite good at English in public elementary school. Most of all, he was quite good at writing his thought in Korean and in English as well. His teachers said his writing was quite good, and he got some excellence awards for writing a diary.

2. Please give a description of your child's personality and note any special interests and the things he or she likes to do.(자녀의 성격을 설명하고 특별한 관심과 자녀가 하고 싶은 일을 적어주세요.)

☞ Peter's special interests are mathematics and science, so he reads lots of books related to those subjects. He likes to communicate with others about what he had learned and discovered.

3. Things your child doesn't like?(자녀가 좋아하지 않는 것은 무엇입니까?)

☞ Peter doesn't like being in a disorganized environment. Everything should be in order, beds should be made neatly, and his clothes should be grouped according to colors in his closet.

4. What does your child do outside of school/ in his or her free time?(방과 후 혹은 자유시간에 자녀는 무엇을 하나요?)

☞ Peter enjoys playing soccer on the field or his phone. Recently, he could not join the game on the field because of Covid 19, therefore he enjoys his free time at home playing phone soccer games. He is good at negotiating with his friends for changing situations and rules.

5. How does your child interact with others? Peers? Adults? Siblings?(귀하의 자녀는 다른 사람과 어떻게 상호작용하나요? 또래와? 어른들과? 형제자매와?)

☞ Peter tries to communicate with his classmates by his favorites or hobbies. He likes sports and sports stars, and popular songs and so on. He also likes to frolic and to play games even if he is not good at those. He tries to help others as possible as he can, so his friends want to be with him, and his teachers compliment his leadership skills in his classroom and sincere attitudes as well.

6. What are some of your child's strengths?(당신 자녀의 강점은 무엇인가요?)

☞ Peter is very considerate towards others and her classmates as well. No matter how angry he is, he tries to talk patiently and reasonably persuades his opponent without yelling at other people. He also tries to convey his opinion coherently. He is such a great mediator.

7. What areas needed improvement?(좀 더 발전시켰으면 하는 점은 무엇인가요?)

☞ We expect Peter do well in physical activities. Although, he is very tall and strong, he fears about running and playing soccer with friends. He feels that those sports are too fierce to do well, and afraid to be behind comparing to his peers.

8. Is there anything else you can tell us about your child that you think would help us support his/her learning?(귀하의 자녀에게 도움이 될 만한 것에 대해서 알려주세요.)

☞ He is not familiar with foreign culture and teachers. So, please provide various programs and sincere help for his development in the school. We believe that he will do well and make friends with.

▷ 학부모 질문서와 답변 샘플(Example 3)

1. Explain the type of preschool experience that your child has had prior to this year. Please include details of whether the program was half-day or full-day and how many days a week it involved.(귀하의 자녀가 전에 경험한 학교 생활에 대해서 설명해 주세요. 프로그램이나 반나절 혹은 종일 반이었는지, 일주일에 며칠 참여했는지 등에 대해 자세히 기술해주세요.)

☞ The kindergarten program begins at 9:00am and ends at 2:20pm. Peter participated the school from Monday to Friday. The school provided various sessions and classes like leadership training, problem solving, and mingle with his peers.

2. In new or unfamiliar situations, how does your child react when separating from you?(새로운 환경에서 귀하의 자녀는 부모와 떨어지면 어떻게 행동하나요?)

☞ At the beginning, he feels uncomfortable with people different from her family, but later, he tries to interact with others.

3. How does your child interact with other children in a group situation? (귀하의 자녀는 그룹에서 어떻게 아이들과 어울리나요?)

☞ Peter participated in his class as a leader among his peer group. He loves to enjoy story telling to friends and knows how to make friends with. And he tries to understand other's situation and cautious to others. He is praised as a considerate and sincere attitude to teachers and friends as well.

4. Please note any further information that you feel will be useful to our teachers in providing the best environment for your child.(귀하의 자녀에 대해 교사들이 알아야 할 유용한 정보가 있으면 말해주세요.)

☞ Peter is interested in making stories and tell his friends as possible as he can. We will be appreciated with your teachers give him the opportunities to present his stories in front of his friends. This valuable chance to convey his ideas to others and learn how to communicate with people who have different ideas.

5. Please note any further information that you feel will be useful in providing the best environment for your child.(귀하의 자녀에게 가장 좋은 환경을 제공할 수 있도록 도움이 되는 정보를 알려주세요.)

☞ Peter comes from different lockdown experiences under current circumstances the world has been facing. He has been growing indoors with her family members and just a few chances to play with peers.

▷ 학부모 질문서와 답변 샘플(Example 4)

1. Explain the type of school experience that your child has had prior to this. Please include details of academics and habits of learning.(귀하의 자녀가 이전 학교에서 경험한 것을 설명해주세요. 학업적인 부분과 학습 습관 등에 대해서 말해주세요.)

☞ Peter has been attending OO Elementary School for the past four years. As Peter attended the school, he is admitted as a sincere friend and student in his clasees. Many teachers complimented Peter, as he is a lovely and sweet child who always takes good care of his friends.

2. In new or unfamiliar situations, how does your child react?(새로운 환경이나 익숙하지 않은 상황에서, 자녀는 어떻게 행동하나요?)

☞ Peter is very calm and interact with others in the efficient way. At the beginning, he tries to find the opinion leader and make friends with him or her. And he is very considerate to other kids, so he wants to mingle with friends who are especially isolated from peers.

3. How does your child interact with other children in a group situation? (귀하의 자녀는 그룹에서 다른 아이들과 어떻게 지내나요?)

☞ At this age Peter usually engages in parallel play but is more likely to play in a more interactive way if he is playing with friends outside on the playground.

4. Please make any special notes of any fears or anxiety your child may have. (귀하의 자녀가 가지고 있는 두려움이나 걱정에 대해 말해주세요.)

☞ Can't think of any anxieties in particular.

5. Describe your child's ability to communicate. Is your child able to make his or her wants and ideas easily and clearly understood?(자녀의 의사소통 방법에 대해서 말해주세요. 자녀가 원하는 것이나 본인의 생각을 잘 표현하나요?)

☞ Peter knows how to persuade friends who have different ideas and opinions. At first, he tends to listen carefully other's ideas and then mediate the differentiations and try to find better solutions for all. In the end, he comes to the satisfying outcomes.

NLCS 제주, 입학시험은
어떻게 준비하나요?

NLCS 제주는 영국 런던에 본교를 두고 있습니다. 영국식 교육과 문화를 기반으로 하고 있어서 다른 국제학교와 비교하면 규율과 교칙이 매우 엄격한 편입니다. 학생뿐만 아니라 교원들도 복장과 격식을 갖추어야 하고 영국식 문화 특히 매너를 강조하는 것으로 유명합니다.

NLCS 제주는 영국식 교육 방식에 따라 방과 후 과제가 많은 편이며, 주요 과목은 학업 성취도에 따라 분반 수업을 하기도 합니다. 이런 이유로 한국 학부모님들의 만족도가 매우 높은 편입니다. 제주에서는 가장 먼저 개교한 국제학교이고 대학 입시 결과도 좋아서 학부모들의 선호도가 높습니다.

NLCS 제주의 지원 절차 및 입학시험에 대해서 알아보도록 하겠습니다.

먼저 지원 절차입니다.

1) 온라인 지원서 작성

입학 지원서는 학교 홈페이지(https://www.nlcsjeju.co.kr/admissions/register)에서 접수 가능합니다. 지원서에 간단한 학생의 인적사항을 기재하고, 최근에 찍은 학생의 반명함판 사진을 업로드합니다. 해당 사진은 입학 시 ID카드 등에 사용됩니다. 지원서를 작성하여 제출하면 기재한 이메일 주소로 지원한 학년의 공석 여부, 입학시험 절차, 전형료 입금 등에 대한 안내 메일을 받게 됩니다.

2) 여권 제출

필수 서류로 자녀와 학부모의 여권 사본을 각각 제출합니다. 자녀가 이중 국적자인 경우에는 해당 여권을 모두 제출해야 합니다. 한국인 국적자는 주민등록등본을 제출하고, 외국인 국적을 가진 경우에는 외국인 등록증을 제출합니다.

3) 최근 1년 생활기록부와 성적표 제출

학생의 최근 1년 성적표와 생활기록부를 영어로 번역하고 공증을 받아 입학처에 제출합니다. 이때 반드시 번역과 공증을 함께 해주는 기관에 맡겨야 합니다.

4) 교사 추천서 제출

지원서 홈페이지에 추천서를 작성해줄 선생님의 이메일 주소를 기재해야 합니다. 추천서 안내 이메일은 선생님께 자동 발송되며, 안내 메일을 받은 선생님은 추천서를 입력하신 후 제출 버튼을 클릭하면 됩니다. 특히 사전에 선생님께 추천서 작성 관련 안내와 부탁을 하는 게 중요합니다. 추천서도 모두 영문으로 작성해야 하고 제출기한 내에 제출이 되어야 하기 때문에 각별히 신경을 써야 합니다.

5) 입학 전형료 납부

입학 전형료 40만 원(2021년 기준)을 안내받은 계좌로 이체합니다.

▶ NLCS 지원 절차 안내

지원 학년	Reception	Year 1	Year 2~3	Year 4~5	Year 6~9	Year 10~11	Year 12
1) 온라인 지원서 작성	○	○	○	○	○	○	○
2) 여권 제출	○	○	○	○	○	○	○
3) 최근 1년 생활기록부와 성적표 제출	해당 없음	해당 없음	○	○	○	○	○
4) 교사 추천서 제출	해당 없음	해당 없음	○	○	○	○	○
5) 입학 전형료 납부	40만 원 계좌이체						

다음은 NLCS의 입학시험입니다.

1) Computer 기반 시험 평가(CAT4)

CAT4 테스트는 학생들의 인지능력을 평가하는 시험으로 학생의 학업 잠재력과 학습 속도에 대한 판단을 제공합니다. 시험 문제는 모양과 패턴 확인 문제와 단어 찾기, 숫자 연산 등으로 구성됩니다. IQ테스트처럼 미리 연습한다고 도움이 되는 시험은 아닙니다.

2) Paper 기반 시험 평가

종이 시험지에 보는 시험으로 영어와 수학 테스트를 진행합니다. 시험 문제는 NLCS 교사들이 직접 출제한 문항으로 구성됩니다.

3) 온라인 수학 시험(PTM)

PTM(Progress Test in Math) 시험은 학생의 수학 지식과 응용력을 평가하는 시험으로 컴퓨터로 진행됩니다. 시험 시간은 60분 내외이며, 문항은 숫자, 도형, 데이터 적용, 대수, 수학적 추론 및 문제 해결력 등으로 구성됩니다.

4) EAL 평가 시험

EAL(English as an Additional Language) 시험은 영어 선생님과 1시간 가량 면접 형식으로 진행됩니다. 시험은 특정 지문을 들려주고 지문에 관련된 내용을 물어보면서 진행됩니다. 영어 내용을 잘 이해하고 본인의 생각을 영어로 조리 있게 표현하는지에 대한 평가입니다.

5) 그룹 수업

유치부와 초등학교 1~2학년 지원자는 그룹 참여 수업(Peer Group Participation)으로 평가합니다. 그룹 참여 수업에서 교사는 학생이 또래 집단과 잘 어울리는지 여부를 판단하고 사회성 발달 정도를 유심히 관찰합니다. 특히 유치부는 영어실력보다 또래와의 친근감 형성 여부, 부모와 분리되어 수업이 가능한지 여부 등을 중요하게 평가합니다.

6) Paper 기반 시험 평가 영어 시험

종이 시험지 영어 시험으로 독해와 작문 등이 출제됩니다. 고등학생의 경우 영시 등 문학작품이나 다소 어려운 주제의 글이 제시되기도 합니다. 학년별 샘플 문제는 홈페이지에서 다운로드 받을 수 있습니다.(www.nlcsjeju.co.kr/userfiles)

7) Paper 기반 시험 평가 수학 시험

종이 시험지에 보는 수학 시험으로 종이와 연필이 제공됩니다. 계산기는 사용할 수 없습니다. 학생들은 20문제를 40분간 풀게 됩니다. 수학 문제는 학년별 진도에 맞는 문제로 구성되며 도형, 그래프, 연산, 대수학, 추론 등으로 구성됩니다. 학년별 샘플 문제는 홈페이지에서 다운로드 받을 수 있습니다. (www.nlcsjeju.co.kr/userfiles)

8) 인터뷰

인터뷰는 일대일로 진행되며, 1차 합격자에 한하여 진행됩니다. 인터뷰를 통하여 학생의 영어 실력뿐만 아니라, 학생의 사고력, 논리전개력, 의사소통 능력, 토론 능력 등 전반적인 학습 능력을 평가합니다.

▶ NLCS 입학시험

지원 학년	Reception	Year 1~2	Year 3	Year 4~5	Year 6~9	Year 10	Year 12
1차 시험							
1) Computer 기반 시험 평가(CAT4)	○	해당 없음	○	○	○	○	○
2) Paper 기반 시험 평가 영어 &수학	해당 없음	○	해당 없음	해당 없음	해당 없음	해당 없음	해당 없음
3) 온라인 수학 시험 (PTM)	해당 없음	해당 없음	해당 없음	○	○	○	해당 없음
4) EAL 평가시험	해당 없음	해당 없음	해당 없음	해당 없음	○	○	○
5) 그룹 수업	○	○	해당 없음	해당 없음	해당 없음	해당 없음	해당 없음
2차 시험(1차 합격자에 한함)							
6) Paper 기반 시험 평가 영어	해당 없음	해당 없음	○	○	○	○	○
7) Paper 기반 시험 평가 수학			○	해당 없음	해당 없음	해당 없음	○
8) 인터뷰			○	○	○	○	○

BHA 제주, 입학시험은
어떻게 준비하나요?

BHA의 본교는 캐나다 명문 여자학교로 토론토에 본교를 두고 있습니다. BHA 제주는 기본적으로 IB 프로그램을 운영하고 있고 학생들의 면학 분위기와 입시 결과가 좋아서 특히 여학생을 자녀로 둔 학부모에게 꾸준히 사랑받고 있습니다. 또한 캐나다가 본교라서 그런지 영어교육도시 내 유일하게 아이스링크가 있는 학교이기도 합니다.

BHA 제주가 2023년부터 남녀공학으로 전환할 것을 결정하면서 남학생도 BHA 제주에 입학할 수 있는 기회가 생겼습니다. BHA 제주는 유치부, 초등학생은 남녀 합반으로, 중학생은 남여 학교를 별도로 운영하게 되고(남학생은 Highland Boys School로 재학), 고등학교는 다시 남녀 합반으로 운영될 예정입니다.

BHA 제주의 지원 절차는 다음과 같습니다.

1) 온라인 지원서 작성

입학 지원서는 학교 홈페이지(https://www.branksome.asia)에서 접수 가능합니다. 지원서에 간단한 학생의 인적사항을 기재하고, 학생의 반명함판 사진을 업로드합니다. 학부모 질문서는 영어로 작성해야 합니다.

2) 가족관계증명서 또는 여권 제출

필수 서류로 가족관계증명서 또는 여권 사본을 제출합니다.

3) 최근 2개년 생활기록부와 성적표 제출

재학 중인 학교의 최근 2개년 생활기록부와 성적표를 영어로 번역하고 공증받아 지원서 페이지에 업로드합니다. 이때 반드시 번역과 공증을 함께 해주는 기관에 맡겨야 합니다.

4) 학생 프로파일 작성

학생 프로파일(에세이)을 학생 자필로 작성하여 제출합니다. 제출한 프로파일은 입학 후 반배정 시 혹은 담임 선생님이 학생을 파악할 수 있는 사전 자료로만 활용되니 가급적 솔직하게 작성하는 것이 좋습니다.

5) 교사 추천서 제출

지원서 홈페이지에 추천서를 작성해줄 선생님의 이메일 주소를 기재합니다. 추천서 이메일이 자동 발송되면 선생님은 추천서를 직접 입력하고 제출하기 버튼을 클릭해야 합니다. 따라서 사전에 선생님께 추천서 작성에 대해 미리 부탁해야 합니다. 추천서는 모두 영문으로 작성되어야 합니다.

6) 입학 전형료 납부

입학 전형료(40만 원, 2021년 기준)를 안내받은 은행 계좌로 이체합니다.

▶ BHA 지원 절차 안내

지원 학년	JK Pre ~ SK	Grade 1	Grade 2~ 5	Grade 6 ~11	비 고
1) 온라인 지원서 작성	○	○	○	○	
2) 가족관계증명서 또는 여권 제출	○	○	○	○	
3) 최근 2개년 생활기록부와 성적표 제출	해당 없음	해당 없음	○	○	영문 번역·공증
4) 학생 프로파일 작성	해당 없음	해당 없음	○	○	학생이 수기로 작성 양식 다운로드
5) 선생님 추천서 제출	해당 없음	담임교사	담임교사	영어교사 수학교사	추천 교사 이메일주소기재
6) 입학 전형료 납부	40만 원 계좌이체				

다음은 BHA의 입학시험입니다.

1) MAP 테스트 영어 & 수학

모든 응시 학생은 MAP 테스트로 영어와 수학 시험을 보게 됩니다. 시험은 각 과목당 20문제이며, 약 40분간 진행됩니다. 여학교인 만큼 지원자의 MAP 테스트 점수가 상대적으로 높은 편입니다.

2) 영어 작문 시험

영어 작문 시험은 학생이 자필로 작성해야 되고, 40분간 진행됩니다. 작문 주제는 보통 짧은 문장 한두 줄로 제시되는 편이며, 가급적 단락을 나누어 논리적으로 작성하는 것이 좋습니다.

3) 영어 독해 시험

영어 독해 능력은 MAP 테스트의 리딩(Reading) 시험 결과와 모의 수업 중 지문을 읽고 발표하는 것을 보고 종합적으로 판단하고 있습니다.

4) 모국어(한국어) 시험

유치부, 초등학생의 경우에 모국어(한국어) 발달 능력을 보고 있습니다. 한글로 좋아하는 주제에 대해서 간단히 에세이를 작성하게 되고 이를 통해 기본적인 언어능력을 판단합니다. 중·고등학생은 모국어로 주어진 주제에 대해 논리적인 글을 작성해야 합니다.

5) 수학 시험

초등학교 G3 이상은 MAP테스트 수학 시험의 점수를 보고 학생의 수리 능력을 평가합니다. 유치부와 G1은 학교 자체적으로 출제하는 간단한 수학 연산 시험을 보게 됩니다.

6) 학생 인터뷰

유치부는 3~4명의 그룹으로 나뉘어 인터뷰를 보게 됩니다. 인터뷰

▶ BHA 입학시험

지원 학년	JK Pre ~ SK	Grade 1~2	Grade 3~ 5	Grade 6 ~11
1) MAP 테스트 영어 &수학	×	×	○	○
2) 영어 작문시험	×	○	○	○
3) 영어 독해 시험	×	○	○	○
4) 모국어 시험	○	○	○	○
5) 학생 인터뷰	그룹 인터뷰		○	○
6) 학부모 인터뷰	×	×	×	○

는 간단한 놀이 형식으로 진행되며, 인터뷰 교사는 특히 각 학생의 사회성 발달 여부, 독립적 사고능력 등을 면밀히 평가하는 편입니다. 초등학교 G1~G2는 모의 수업 형태로 인터뷰를 진행하여 학생의 영어 능력과 모국어 능력 등을 종합적으로 평가합니다. G3 이상은 일대일 심층 인터뷰를 통해 평가를 진행하고 있습니다.

SJA 제주, 입학시험은
어떻게 준비하나요?

SJA 제주는 미국 버몬트주에 본교를 둔 학교로서 학생의 개성을 최대한 존중하는 학교로 정평이 나 있습니다. SJA 제주는 미국 대학에 특화된 AP 프로그램을 운영하고 있는 만큼 미국 대학으로 진학을 희망하는 학생에게 특히 좋은 선택지가 될 수 있습니다.

SJA 제주는 특히 유치부, 초등학생 학부모님 사이에서 인기가 높은 편인데 그 이유는 교육 철학인 레지오 에밀리아(Reggio Emilia) 교수법에 있다고 생각됩니다. 레지오 에밀리아 교수법은 북이탈리아에서 유래한 교육방식으로 아이들이 경험과 관찰을 통해 배우는 것을 중요하게 여기며, 학생들의 사회성과 협업 등을 중시하고 있습니다. SJA 제주의 교장 선생님을 비롯한 교사들은 실제로 직접 이탈리아에 가서 관련 교수법에 대해 연수를 받고 있으며, 실제 수업에 적용하기 위한 다양한 노력을 기울이고 있습니다.

SJA 제주의 지원절차는 다음과 같습니다.

1) 온라인 지원서 작성

입학 지원서는 학교 홈페이지(https://www.sjajeju.kr/admissions/apply-now)에서 접수 가능합니다. 지원서에 간단한 학생의 인적사항을 기재하고, 최근에 찍은 반명함판 사진을 업로드 합니다. 학부모님 질문서는 영어로 작성해야 합니다.

2) 가족관계증명서 또는 여권 제출

필수 서류로 가족관계증명서를 제출합니다.

3) 최근 2개년 생활기록부와 성적표 제출

기존 재학 중인 학교의 최근 2개년 생활기록부와 성적표를 영어로 번역하고 공증받아 지원서 페이지에 업로드합니다. 이때 반드시 번역과 공증을 함께 해주는 기관에 맡겨야 합니다. 서류는 인비(Invisible) 처리하여 우편으로 발송합니다.

4) TRF(Transcript Release Form) 제출

TRF(Transcript Release Form)는 지원 홈페이지에서 다운로드받아 학부모가 서명한 후에 재학 중인 학교의 담임 선생님에게 전달해야 합니다. 담임 선생님은 해당 서류를 작성하여 이메일 또는 팩스로 학교로 직접 발송합니다.

5) 교사 추천서 제출

지원서 홈페이지에 추천서를 작성할 선생님의 이메일 주소를 기재합니다. 이메일 주소를 통해 선생님에게 추천서 이메일이 발송되면 선생님은 추천서를 입력하고 제출하기 버튼을 클릭합니다. 반드시 사전에 선생님에게 추천서 작성에 대해 부탁해야 합니다. 추천서는 모두 영문으로 작성되어야 하며, 최대한 사례 중심으로 상세히 작성하고 가급적 긍정적으로 작성하는 것이 좋습니다.

6) 입학 전형료 납부

입학 전형료 40만 원(2021년 기준)을 안내받은 은행계좌로 이체합니다.

▶ SJA 지원 절차 안내

지원 학년	PreK3 ~ K	Grade 1	Grade 2~ 5	Grade 6 ~ 8	Grade 9 ~ 12
1) 온라인 지원서 작성	○	○	○	○	○
2) 가족관계증명서 제출	○	○	○	○	○
3) 최근 2개년 생활기록부와 성적표 제출	해당 없음	해당 없음	○	○	○
4) TRF(Transcript Release Form)제출	해당 없음	○	○	○	○
5) 교사 추천서 제출	해당 없음	담임교사	담임교사	영어교사 수학교사 담임교사	영어교사 수학교사 담임교사
6) 입학 전형료 납부	40만 원 계좌이체				

SJA의 입학시험은 다음과 같습니다.

1) MAP 테스트 영어 &수학

MAP 테스트로 영어와 수학을 봅니다. 시험은 과목당 20문제를 40분간 푸는 방식으로 진행됩니다.

2) 영어 작문시험

영어 작문 시험은 학생이 자필로 작성하게 되며 시험 시간은 40분입니다. 총 3가지의 주제가 보통 한두 문장으로 제시되고, 이중 학생이 원하는 주제 하나를 골라서 작성하면 됩니다. 에세이 작문은 중학생만 보게 되는데 학생의 수학 능력을 평가하는 지표로 활용되는 만큼 논리적이고 체계적인 글쓰기 능력이 요구됩니다.

3) 학부모 인터뷰

지원자가 유치부에서 초등학교 5학년이라면 학부모와 간단한 인터뷰를 진행하게 됩니다. 인터뷰라고는 하지만 학교에서 학부모에게 질문을 한다기보다는 오히려 학부모가 학교에 대해 궁금한 사안을 질문할 수 있는 시간이라고 보는 게 더 적절합니다. 자녀의 학습 성향이나 성격에 대해 솔직하게 이야기하고 학교의 교육방침이 자녀의 스타일에 적합한지에 대해 편하게 대화를 나누면 됩니다. 너무 부담을 갖기보다는 학교와 첫인사를 나눈다 생각하고 가볍게 임하면 됩니다. 필요한 경우 간단한 통역 서비스도 제공하고 있습니다.

4) 학생 인터뷰

유치부와 G2학년까지는 학생 인터뷰가 합격 여부에 결정적인 영향을 미칩니다. 인터뷰 교사는 학교의 교육철학에 맞추어 학생이 얼마나 적극적으로 자신의 생각과 개성을 표현할 수 있는지 여부와 원만한 학교생활에 필요한 사회성이 잘 발달되어 있는지 등을 종합적으로 평가합니다. 어린 학생들인 만큼 유창한 영어 실력보다는 또래와 얼마나 잘 어울릴 수 있는지, 상대방을 얼마나 잘 배려하는지 여부가 평가 결과에 더 큰 영향을 미칩니다. 중학생과 고등학생의 경우, 국제학교에 지원하는 동기와 향후 진로에 대해서 확고한 비전과 철학을 답변할 수 있어야 높은 점수를 받을 수 있습니다.

▶ SJA 입학시험

지원 학년	PreK3 ~ Grade 2	Grade 3~ 5	Grade 6~ 8	Grade9 ~12
1) MAP 테스트 영어&수학	×	○	○	○
2) 영어 작문시험	×	×	○	×
3) 학부모 인터뷰	○	○	×	×
4) 학생 인터뷰	○	○	○	○

KIS 제주, 입학시험은
어떻게 준비하나요?

KIS 제주는 (주)YBM에서 직접 운영하는 국제학교로서 제주 국제학교 중에서 한국 학부모의 높은 교육열에 가장 잘 부응하는 곳이라는 평가를 받고 있습니다.

KIS 제주는 교사들이 방과 후 수업을 이용하여 학생들에게 공부를 많이 시키고 있으며, 과제 또한 많은 편입니다. 특히 학부모에게 자녀가 어떻게 공부를 하고 있는지 피드백을 적절하게 제공하기 때문에 만족도가 높습니다. KIS 제주는 졸업생들의 대학 입시 결과도 좋아서 비록 해외에 본교는 없지만 특히 한국의 학부모에게 선호도가 매우 높은 편입니다.

KIS 제주의 지원절차는 다음과 같습니다.

1) 온라인 지원서 작성

입학 지원서는 학교 홈페이지(https://kis.ac/page_EGqk91)에서 접수 가능합니다. 지원서에 간단한 학생의 인적사항을 기재하고, 최근에 찍은 학생의 반명함판 사진을 업로드합니다.

2) 주민등록등본과 여권 제출

필수 서류로, 한국인은 주민등록등본과 여권 사본을 업로드하며, 외국 국적인 경우에는 학생과 학부모의 여권 사본을 업로드합니다.

3) 최근 2개년 생활기록부와 성적표 제출

기존 재학 중인 학교의 최근 2개년 생활기록부를 업로드합니다. 이때 9학년 이상의 고등학생은 성적표를 번역과 공증을 함께 해주는 기관에 맡겨야 합니다. 서류는 스캔하여 업로드합니다.

4) 교사 추천서 제출

추천서는 반드시 선생님이 직접 학교로 제출해야 하고, 제출 방법은 온라인 지원서를 통해 작성하거나 우편 발송 혹은 이메일로 제출할 수 있습니다. G1~G2지원자는 현재 학생을 지도하고 있는 담임교사가 작성하면 되고, G3~G6지원자는 현재 학생을 지도하고 있는 담임교사와 영어교사가 각각 제출해야 합니다. G7~G11 지원자는 현재 학생을 지도하고 있는 영어교사와 수학교사가 모두 제출해야 합니다.

5) 입학 전형료 납부

입학 전형료 40만 원(2021년 기준)을 안내받은 은행 계좌로 이체합니다.

▶ KIS 지원 절차 안내

지원 학년	JK ~ K	Grade 1 ~ 2	Grade 3 ~ 6	Grade 7 ~ 11	Grade 9 ~ 12
1) 온라인 지원서 작성	○	○	○	○	○
2) 주민등록등본과 여권제출	○	○	○	○	○
3) 최근 2개년 생활기록부와 성적표 제출	해당 없음	○	○	○	○
4) 선생님 추천서 제출	해당 없음	담임교사	담임교사 영어교사	영어교사 수학교사	영어교사 수학교사
5) 입학 전형료 납부	40만원 계좌이체				

아래는 KIS의 입학시험입니다.

1) MAP 테스트 수학, 영어

MAP 테스트로 수학과 영어를 진행합니다. 시험은 각 과목당 20문제를 30분간 풀게 됩니다.

2) 영어 작문

영어 작문 시험은 학생이 자필로 작성해야 되며, 시험 시간은 30분입니다. 영어 작문은 초등학교 2학년 이상의 학생은 모두 반드시 응시해야 합니다. 주제는 학년별 수준에 맞는 내용으로 제시되며, 주로 유명인의 명언이나 교훈 등에 대해서 자신의 생각을 전개하는 형식으로 출제됩니다.

3) 학생 인터뷰

학생 인터뷰는 일대일로 진행됩니다. 인터뷰 질문은 보통 가벼운 주제인데, 학생의 지원동기에 대해 가장 중요하게 물어보고 있습니다.

4) 행동 관찰

유치부와 초등학교 1, 2학년의 경우, 지원자들이 그룹 활동을 하는 모습을 관찰하게 됩니다. 그룹 활동은 레고 등으로 간단한 놀이를 하거나, 각자 좋아하는 것들에 대해 이야기하는 형식으로 가볍게 진행됩니다. 인터뷰를 하기에는 다소 어린 나이이기 때문에 또래 집단과 얼마나 잘 어울리는지 관찰을 통해 사회성 발달 정도를 평가한다고 보면 됩니다.

▶ KIS 입학시험

지원 학년	JK ~ Grade 1	Grade 2	Grade 3	Grade 4 ~ 11
1) MAP 테스트 수학	×	×	×	○
2) MAP 테스트 영어	×	×	○	○
3) 영어 작문	×	○	○	○
4) 학생 인터뷰	○	○	○	○
5) 행동 관찰	○	○	×	×

PART

4

Jeju

International
Schools

우리 아이에게 맞는
국제학교는 어디일까?

38

국제학교,
어디로 보내야 하나요?

제주에는 현재 4개의 국제학교가 있습니다.

- NLCS(North London Collegiate School, 본교 영국 런던)

- BHA(BranksomeHall Asia, 본교 캐나다 토론토)

- SJA(St. Johnsbury Academy, 본교 미국 버몬트)

- KIS(Korea International School, YBM 운영)

KIS를 제외한 NLCS, BHA, SJA 세 개의 국제학교는 JDC(제주국제자유도시개발센터)에서 투자하여 운영되고 있으며 각각 영국, 캐나다, 미국에 본교를 두고 있습니다.

NLCS는 1850년에 설립된 영국 런던 소재 명문 사립으로 2011년 제주 최초의 국제학교로 설립되었습니다. 제주의 NLCS는 IB 프로그램을 기반으로 운영되는 기숙학교입니다. NLCS는 영국의 정통 사립학교를 본교를 두고 있어서인지 상대적으로 규율이 엄격하고 숙제를 많이 내주는 곳으로 유명합니다. NLCS의 숙제가 어렵고 학습량도 많아서 제주도 영어마을에는 NLCS 숙제를 위한 별도의 학원이 있을 정도입니다. 한국 학부모 중에는 엄격한 규율과 공부량 때문에 NLCS를 선호하는 분도 많습니다. 학생들은 식사 시간에도 매너를 지켜야 하며, 교사와 교직원도 항상 정장을 착용해야 합니다.

BHA는 1903년 캐나다 토론토에 설립된 여자 명문 사립학교를 본교로 두고 있습니다. 따라서 BHA에는 여학생만 입학할 수 있고 IB 프로그램을 기반으로 운영되는 기숙학교입니다. BHA는 우수한 여학생들 간의 학업 시너지 덕분에 학업성취도가 매우 높으며 그 결과 세계 우수대학으로의 진학률도 높은 편입니다. 이러한 이유로 BHA는 특히 남녀공학을 선호하지 않는 여학생들의 학부모에게 선호도가 높았습니다. 그러나 최근 발표된 내용에 따르면 2023-2024학기부터는 남녀공학으로 전환될 예정이며, 22년도부터 남학생 모집을 준비할 계획입니다. 현재도 유치부와 초등학교는 남학생 지원이 가능합니다. 다만, 남학생은 기숙사 생활이 불가합니다.

SJA는 1842년 미국 버몬트주에 설립된 사립학교를 본교로 두고 있으며 제주에는 2017년에 설립되었습니다. SJA는 미국식 학제 프로그램을 따르고 있으며 AP 프로그램을 기반으로 운영되는 기숙학교입니다. 따라서 미국쪽 대학 진학을 원하는 학생들에게 보다 적합한 국제학교입니다. SJA는 상대적으로 학생의 자율성과 창의성을 중시하며 학생 스스로 문제를 해결할 수 있도록 돕는다는 것이 기본 교육철학입니다. 자유로운 분위기 덕분에 학생들의 만족도가 매우 높은 편이라서 자녀가 한국식 입시교육에서 벗어나 자유롭고 즐겁게 학교생활을 했으면 하는 바람이 있는 학부모에게 적합한 학교입니다.

KIS는 YBM에서 운영하는 한국 국제학교입니다. 별도로 해외에 본교를 두고 있지 않으며 AP 프로그램으로 운영되는 기숙학교입니다. 분위기가 제주의 다른 국제학교에 비해 좀 더 한국적이라는 평가도 있지만, 한국식 분위기 덕분인지 학생들의 학업 성취도가 상대적으로 높은 편입니다. 특히 KIS는 학부모들에게 학생의 학업 성과와 생활에 대한 피드백을 자주 제공하는 편이라서 이런 부분을 좋아하는 학부모들에게 선호도가 높은 학교입니다.

NLCS 제주, 교육철학은 무엇인가요?

NLCS 제주는 영국 North London Collegiate School의 전통과 정신을 기반으로 탁월한 교육 경험을 제공한다는 자부심이 있습니다. 학교의 규율과 분위기는 엄격한 편이며 영국의 보수적인 느낌도 강한 편입니다. 그러나 한편으로는 자유로우면서도 원칙적인 교육 시스템을 가지고 있으며, 다른 학교와는 차별화된 학생 중심의 커리큘럼을 가지고 있다는 평가가 있습니다.

NLCS의 교사들은 학생들이 관심있는 분야에 대한 열정을 발전시킬 수 있도록 세심히 관찰하여 각자의 재능을 최대한 발휘할 수 있도록 합니다. 학교는 학생들이 도전할 수 있도록 모든 측면에서 지원을 아끼지 않으며, 교사들은 학생들이 국제적인 마인드를 가지고 세상에 봉사할 수 있는 리더로 성장할 수 있도록 교육합니다. 또한 교사들은 수업 시간과 방과 후 활동 시간을 통해 학생들이 국제적인 이슈에 관심을 가지고 성장할 수 있도록 지

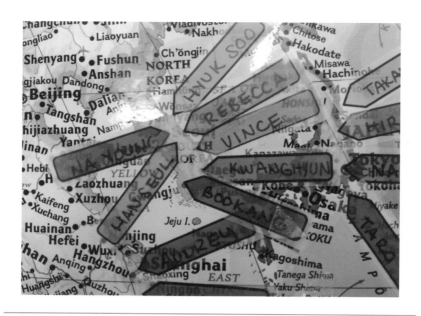

도합니다. 학생들은 다양한 주제를 접하면서 새로운 관심 분야를 발견하고
진로를 정하는 데 적극적으로 참여하게 됩니다.

NLCS 제주, 학교 프로그램은
어떻게 운영되나요?

NLCS는 영국식 커리큘럼을 따르고 있고 IB 프로그램으로 운영되는 학교입니다. NLCS는 재학생들의 IB 시험 성적이 우수한 것으로 정평이 났습니다. 2021년에는 2명이 IB 시험의 최고점인 45점을 취득하였고, 학생 전체 평균 점수는 39점이 넘었습니다. 또한 NLCS 학생의 절반 이상이 40점 이상의 고득점을 취득하는 놀라운 성과를 보여주었습니다.

NLCS의 고등학생들은 최소 6과목 이상의 IB 과목을 수강해야 하며 학교는 체계적인 수준별 IB 수업을 제공하고 있습니다. 학생들은 자신의 학업 성취도를 기준으로 HL(High Level) 혹은 SL(Standard Level) 중 자신에게 맞는 수준의 강의를 선택하여 수강할 수 있습니다.

NLCS의 교사들은 학생들이 각자의 진로와 적성 등을 고려하여 본인에게 적합한 IB 교과목을 선택할 수 있도록 가이드를 제공합니다. 학생들 역시 IB 교과목 선택에 있어서 매우 신중해야 합니다. 단순히 친구와 같이 들

노스런던컬리지에잇스쿨(NLCS) 제주 ⓒ 월터 미티

고 싶어서 혹은 해당 과목 선생님이 좋아서 등의 이유로 과목 선택을 하게 되면 대학 진학 시 어려움을 겪을 수 있습니다.

학생들은 IB 프로그램인 CAS(Creativity, Activity and Service)프로젝트에 참여해야 합니다. CAS는 창의적인 활동과 건강한 신체활동 및 봉사활동의 세 가지 항목으로 구성된 프로그램입니다. 학생들은 각 분야별로 50시간 이상 프로젝트에 참여해야만 IB 디플로마 학위 과정을 모두 이수할 수 있습니다. 따라서 학생들은 CAS 프로젝트를 직접 기획하고 친구들과 협력하여 조사, 준비, 활동 등의 과정을 진행하게 됩니다. 예를 들면, 학생들이 미니 도서관을 직접 만들어서 어려운 환경의 아이들에게 도움을 주는 프로젝트를 진행한다든지 다른 학교 학생들과 음악 교류 활동을 하는 것입니다.

▶ NLCS 제주의 IB 프로그램

IB 과목 카테고리	상세 과목
Language & Literature	Korean Literature HL & SL
	English Literature HL & SL
	English Language & Literature HL & SL
Language Acquisition	English B HL & SL
	Korean B HL & SL
	French B HL & SL
	French Ab-initio SL
	Mandarin B HL & SL
	Mandarin Ab-initio SL
	Spanish B HL & SL
	Spanish Ab-initio SL
Individuals & Societies	Economics HL & SL
	Geography HL & SL
	History HL & SL
	Philosophy HL & SL
	Global Politics HL
Sciences	Biology HL & SL
	Chemistry HL & SL
	Physics HL & SL
	Computer Science HL & SL
Mathematics	Mathematics HL & SL
	Mathematical Studies SL
The Arts	Music HL & SL
	Theatre HL & SL
	Visual Arts HL & SL
	Dance HL & SL

※출처: NLCS제주 홈페이지

NLCS의 기숙사는 초등학교 3학년부터 이용 가능합니다. 기숙사 건물은 총 8개로 구성되어 있으며, 복도를 중심으로 남학생과 여학생의 생활 공간이 분리되어 있습니다. 학교는 학생들이 기숙사에서 지내는 동안 기숙사 교사 혹은 친구들과 가족처럼 지낼 수 있도록 다양한 프로그램을 운영하고 있습니다.

기숙사에는 각각 남, 여 기숙사 사감 선생님과 부사감 선생님이 상시 거주하고 있습니다. 또한 학년별로 지도 선생님이 있어서 학생들의 규칙적인 생활과 건강상태, 학업 진도 등을 관리하게 됩니다.

아래는 대략적인 기숙사 하루 일과표입니다.

▶ 기숙사 일과표

시간	평일	주말
7:00 ~	기상	
7:30 ~ 8:00	아침 식사	
8:40 ~ 16:10	학교 수업	9시 기상
17:15 ~	기숙사 오픈	
17:45 ~ 18:45	휴식	토요일: 예술 프로그램 및 견학, 수영 및 레저 활동
17:30 ~ 18:30	저녁 식사	
19:00 ~ 21:00	기숙사 내 도서관에서 자율학습	일요일: 종교활동 및 휴식
21:30 ~	취침	취침

NLCS 제주, 대학 입시 결과는
어떤가요?

NLCS 제주의 대학 입시 결과에 대해 알아보겠습니다. IB 스쿨인 NLCS 제주는 대부분의 학생이 미국 혹은 영국을 비롯한 유럽의 유명 대학으로 진학하였습니다. 특히 영국 기반의 국제학교인 만큼 케임브리지 대학(University of Cambridge)을 비롯한 영국 최상위 대학으로의 높은 진학률을 보여주고 있으며, 미국의 스탠퍼드 대학(Stanford University)과 시카고 대학(University of Chicago) 등 유수의 대학에도 진학하는 성과를 보여주었습니다. NLCS는 전반적으로 재학생들의 성적이 우수하고 입시 결과도 뛰어난 편이어서 해외 유명 대학을 목표로 제주국제학교를 선택하는 학부모들의 꾸준한 선택을 받고 있습니다.

▶ NLCS 제주 대학 진학 결과(2022년 기준)

국가	진학 대학	
미국	Adelphi University	School of the Art Institute of Chicago
	American University	School of Visual Arts
	ArtCenter College of Design	Stanford University
	Boston University	Swarthmore College
	Brandeis University	Syracuse University
	California College of the Arts	Temple University
	Carnegie Mellon University	The New School
	Case Western Reserve University	Trinity College
	College of Wooster	Tufts University
	Columbia University	University of California, Berkeley
	Cornell University	University of California, Davis
	Drexel University	University of California, Irvine
	Duke Kunshan University	University of California, Los Angeles
	Duke University	University of California, Merced
	Emory University	University of California, Riverside
	Georgia Institute of Technology	University of California, San Diego
	Indiana University Bloomington	University of California, Santa Barbara
	Johns Hopkins University	University of California, Santa Cruz
	Manhattan School of Music	University of Chicago
	Maryland Institute College of Art	University of Connecticut
	Massachusetts College of Pharmacy & Health Sciences	University of Detroit Mercy
	Michigan State University	University of Illinois at Urbana-Champaign
	New York University	University of Massachusetts, Amherst
	Northeastern University	University of Michigan
	Northwestern University	University of Minnesota, Twin Cities
	Nova Southeastern University	University of North Carolina, Chapel Hill
	NYU Shanghai	University of North Carolina, Charlotte
	Pennsylvania State University	University of Rochester
	Pratt Institute	University of San Francisco
	Purdue University	University of Southern California
	Rhode Island School of Design	University of the Pacific
	Rice University	University of Washington
	Rochester Institute of Technology	University of Wisconsin-Madison
캐나다	Brock University	
	McGill University	
	Queen's University	
	University of British Columbia	
	University of Toronto	
	University of Western Ontario	

국가	진학 대학	
영국	Bath Spa University Bournemouth University Brunel University London Cardiff University Durham University Goldsmiths, University of London Imperial College London King's College London London School of Economics and Political Science Loughborough University Newcastle University Queen Mary University of London Royal Academy of Music Royal Holloway University of London The University of Edinburgh The University of Warwick University College London University of Bath University of Brighton	University of Bristol University of Cambridge University of Chichester University of Exeter University of Leeds University of Manchester University of Nottingham University of Oxford University of Portsmouth University of Reading University of Roehampton University of Sheffield University of Southampton University of St Andrews University of Stirling University of Sussex University of the Arts London University of York
아시아	The Hong Kong University of Science and Technology University of Hong Kong Yonsei University POSTECH Nagoya University Sophia University Waseda University	

※출처: NLCS 홈페이지

BHA 제주, 교육철학은
무엇인가요?

BHA의 교육철학은 "We don't just teach your child to know answer. We teach your child to be the answer. - 우리는 단순히 답을 가르치지 않는다. 우리는 학생 스스로 답이 될 수 있도록 가르친다."입니다.

BHA의 커리큘럼은 학교의 기본 교육철학을 기반으로 학생들이 문제에 스스로 접근하고 해결하는 방법을 가르치며, 도전을 통해 성장할 수 있도록 구성되어 있습니다. 학생들이 기존의 사고방식이나 정해진 틀에서 벗어나 열린 자세와 새로운 시각으로 문제를 해결할 수 있는 개방형 리더로 성장할 수 있도록 지도합니다.

교사들은 경쟁보다는 협동을 강조하는 편이고, 특히 학생 고유의 개성을 존중합니다. 또한 학생들이 지금보다 좀 더 나은 세상을 만들어가는 데 앞장설 수 있는 리더가 될 수 있도록 교육합니다. 학교의 모든 구성원은 학

생의 꿈을 함께 공유하고 서로를 빛나게 해주자는 모토를 기반으로 하나의 공동체를 만들어가고 있습니다.

　이러한 학교의 교육철학 덕분인지 BHA 제주는 집단따돌림 같은 사례가 발생하지 않았고 학교폭력 사건도 거의 없는 편이며 전교생의 학업성적도 타학교 대비 우수한 편입니다.

BHA 제주, 학교 프로그램은
어떻게 운영되나요?

　　BHA는 IB 프로그램으로 운영되는 학교입니다. 2021년 졸업 생 전원이 IB 디플로마 학위를 취득하였고, 93% 이상의 학생이 세계 대학 순위 상위 100위권 대학에 진학하였습니다.

　　BHA 제주는 유치부 과정부터 고등학교 과정에 이르기까지 IB 프로그 램을 유기적으로 연계하여 운영하고 있습니다. 유치부 및 초등학교에서는 학문적 호기심을 키우기 위해 주로 질의응답을 통한 교육이 주를 이루고, 중학교에서는 비판적이고 종합적인 사고력을 키우는 데 중점을 두고 있습 니다. 대학 입시를 준비하는 고등학교 과정은 학생들이 IB 시험을 준비하고 우수한 점수를 획득할 수 있도록 하는 데 집중하는 편입니다.

　　IB 과정의 학생들은 EE(Extended Essay)라고 불리는 4,000단어 이상의 소논문을 제출해야 합니다. 학생들은 소논문을 위한 제안서를 작성하고 독 립적으로 연구하여 학문적인 탐구를 진행하게 됩니다. 각자 정한 학문의 주제를 바탕으로 무엇을 아는지, 어떻게 아는지에 대해 탐구하고 분석하여 논문을 완성해야 합니다. BHA 제주는 10학년 이상의 학생들을 위한 개별적인 IB 코디네이터를 배정하여 IB 과목 선택 및 소논문 준비를 체계적으로 돕고 있습니다.

▶ BHA 제주의 IB 프로그램

IB 프로그램	PYP (Primary Years Program)	MYP (Middle Years Program)	DP (Diploma Program)
이수 학년	JK ~ G5	G6 ~ G11	G9 ~ G12
학습 목표	질문을 통한 학습 (Focus Inquiry)	비판적 사고력 (Critical Thinkers)	대학 입시/IB시험 (University/ Academic)
개설 과목	English Mother Tongue Korean Social Studies Science Mathematics History	Digital Design Product Design Visual Arts Music Drama Business Economics Geography History Korean Chinese Film Arts Biology(G10~) Chemistry(G10~) Physics(G10~) Environment System(G10~)	English Language English Literature Korean Language Korean Literature Chinese Literature Business Management Economics Environment System Geography History Biology Chemistry Computer Science Design Technology Physics Mathematics Film Arts Music Theater Visual Art
IB학위 수료율	해당 없음		100%
IB 평균 점수	해당 없음		38점(45점 만점)

※출처: BHA 홈페이지

BHA 기숙사는 2인 1실로 운영되고 있습니다. 방에는 침대 2개, 옷장 2개, 책상 2개가 기본으로 비치되어 있고, 각 방마다 화장실이 있습니다. 기숙사 건물의 모든 층에는 학생들이 자유롭게 사용할 수 있는 코먼룸(Common Room)과 공동 주방이 있습니다. 고등학생 G11학년 이상은 개인 학습에 집중할 수 있도록 1인 1실을 사용하도록 하고 있습니다.

기숙사의 모토는 "Home away from Home"으로, 학생들이 가족의 품을 떠나 생활하는 기숙사는 또 하나의 집처럼 편안한 안식처가 되어야 한다는 의미입니다. 기숙사는 사감 선생님 1명당 10명의 학생을 관리하는 형태로 운영되고 있습니다. 기숙사에서는 학생의 안전을 위해 이동 시 기본적으로 교사들이 항상 학생들과 함께하는 편입니다. 학생들은 주로 개인 자전거를 이용하여 캠퍼스를 이동하며 방과 후 도서관이나 Art Room에서 시간을 보내기도 합니다.

▶ 기숙사 일과표

시간	평일	주말
7:00 ~ 9:00		기상 & 아침 식사
9:30 ~ 10:00		
11:30 ~ 12:30	학교 수업	오전 자율학습
13:00 ~ 14:00		점심 식사
14:00 ~ 15:00		워크숍, 스터디 등
15:30 ~	기숙사 오픈	영어 수업
15:30 ~ 17:30	자율 학습	
17:30 ~ 18:30	저녁 식사	저녁 식사
19:00 ~ 21:00	기숙사 내 도서관에서 자율학습	액티비티 영화관람, 요리, 작품 만들기, 운동 등
21:30 ~	취침	취침

위. 브랭섬홀 아시아(BHA) ⓒ Wikimedia Commons
아래. 스탠퍼드대학교 ⓒ Wikimedia Commons

BHA 제주, 대학 입시 결과는
어떤가요?

BHA 제주의 대학 입시 결과는 상당히 우수한 편입니다. IB 학교인 BHA 제주는 대부분의 학생이 미국과 영국을 비롯한 유럽의 우수 대학에 진학하였습니다.

학생들은 컬럼비아(Columbia), 코넬(Cornell) 같은 미국 IVY리그 대학은 물론 영국의 LSE(London School of Economics)에 합격하는 등 계속해서 우수한 진학 성과를 보여주고 있습니다.

▶ BHA 제주 대학 진학 결과(2022년 기준)

국가	진학 대학	
미국	Albany College of Pharmacy and Health Sciences	Rochester Institute of Technology
	ArtCenter College of Design	Rutgers University
	Barnard College	San Francisco State University
	Berklee College of Music	Santa Clara University
	Boston University	Savannah College of Art and Design
	Brandeis University	School of the Arts Institute of Chicago
	California College of the Arts	School of Visual Arts
	California Institute of the Arts	Scripps College
	California Polytechnic State University, Pomona	Stony Brook University (SUNY)
	California State University, Long Beach	SUNY, Binghamton
	Carnegie Mellon University	SUNY, Buffalo
	Case Western Reserve University	SUNY, Fredonia
	Colgate University	Syracuse University
	Colorado School of Mines	Tufts University
	Columbia College Chicago	University of Albany
	Columbia University	University of California, Berkeley
	Cornell University	University of California, Davis
	Duquesne University	University of California, Irvine
	Emerson College	University of California, Los Angeles
	Emory University	University of California, Merced
	Fashion Institute of Technology	University of California, Riverside
	George Mason University	University of California, San Diego
	George Washington University	University of California, Santa Barbara
	Grinnell College	University of California, Santa Cruz
	Indiana University Bloomington	University of Chicago
	Johns Hopkins University	University of Detroit Mercy
	Lawrence University	University of Illinois Urbana-Champaign
	Lehigh University	University of Michigan
	Loyola Marymount University	University of Minnesota, Twin Cities
	Maryland Institute College of Art	University of Pennsylvania
	Massachusetts College of Art and Design	University of Pittsburgh
	Massachusetts Colleges of Pharmacy and Health Sciences	University of Rhode Island
		University of Rochester
	Michigan State University	University of San Diego
	New York University	University of San Francisco
	Northeastern University	University of Southern California
	Northwestern University	University of Washington
	OTIS College of Art and Design	University of Wisconsin, Madison
	Parsons School of Design - The New School	Virginia Commonwealth University
	Penn State University	Washington University in St. Louis
	Pratt Institute	Wellesley College
	Purdue University	Williams College
	Rhode Island School Of Design	

국가	진학 대학	
캐나다	McGill University McMaster University Queen's University Ryerson University University of British Columbia University of British Columbia, Okanagan University of Ottawa University of Toronto	University of Toronto Mississauga University of Toronto Scarborough University of Victoria University of Waterloo Wilfrid Laurier University York University
영국	Cardiff University Goldsmiths, University of London Imperial College London King's College London Kingston University Queen Mary University of London Ravensbourne University London University College London University of Brighton	University of Bristol University of Edinburgh University of Glasgow University of Liverpool University of Manchester University of Nottingham University of the Arts London University of Warwick University of Westminster
아시아	Chinese University of Hong Kong City University of Hong Kong Hong Kong University of Science and Technology LASALLE College of the Arts New York University Shanghai University of Hong Kong Ritsumeikan University	Ewha Womans University Handong University POSTECH Seoul Institute of the Arts Yonsei University
기타	University of Melbourne University of Sydney Griffith University University of Queensland Ecole Hoteliere de Lausanne Parsons School of Design - Paris University of Amsterdam	

※출처: BHA 홈페이지

SJA 제주, 교육철학은
무엇인가요?

　　SJA 제주의 교육철학은 공동체 정신과 개인의 열정을 기반으로 세상에 선한 영향력을 전파하는 것입니다. 학교의 교육철학에 맞추어 SJA 학생들은 열정적으로 학습할 수 있는 분야나 과목을 스스로 찾고, 자신의 실력과 개성을 발전시켜서 해당 분야에서 글로벌 리더로 성장할 수 있는 교육을 받게 됩니다.

　　SJA 제주의 미션은 Character(인성/개성), Inquiry(호기심/탐구심), Community(공동체)로 요약할 수 있습니다. Character(인성/개성)란 학생들이 자신의 열정과 인격을 존중하고 강한 책임감을 통해 고유의 개성을 발전시킬 수 있도록 교육한다는 뜻입니다. Inquiry(호기심/탐구심)는 학생들이 추구하는 지식, 창의성, 자존감을 바탕으로 자유롭게 도전할 수 있도록 분위기를 만들어가는 것입니다. 마지막으로 Community(공동체)란 학생들이 타인과 사회와의 상호작용, 관계 형성, 권리와 의무의 준수 등에 대해 인격적으로 내재화함으로써 글로벌 리더로 성장할 수 있는 역량을 개발한다는 것을 의미합니다.

SJA 제주는 유치부에서 중, 고등학교에 이르기까지 자발적 학습을 통한 탐구심을 키울 수 있도록 이른바 '프로젝트' 기반의 커리큘럼을 제공하고 있습니다.

유치부는 놀이 중심의 수업과 탐구활동에 많이 집중하는 편이고, 초등부는 호기심을 바탕으로 교우들과의 협업을 통해 프로젝트를 수행하도록 하는 수업이 많습니다. 중학생들은 각 과목 선생님은 물론 진로지도 교사들의 도움을 받아서 각자 자신의 관심 분야를 발견하고 해당 분야의 개별 프로젝트를 완성하여 발표하는 방식의 수업이 이뤄집니다. 끝으로 고등학생들은 초중등부에서 축적된 프로젝트 수행 노하우를 바탕으로 좀 더 발전된 형식의 종합프로젝트 과제를 수행하게 됩니다. 학생들은 바쁜 입시 준비와 더불어 자신만의 포트폴리오를 완성해야만 졸업을 할 수 있습니다.

SJA 제주, 학교 프로그램은
어떻게 운영되나요?

SJA 제주는 AP 프로그램으로 운영되는 학교입니다. AP 프로그램의 기본 콘셉트는 특정 과목에 관심이 있거나 성적이 우수한 고등학생이 AP 시험에 응시할 수 있도록 AP 과목을 수강신청할 수 있는 방식을 말합니다. SJA 제주는 약 20개 과목에 대해 AP 수업을 진행하고 있고, 학생들은 해당 과목을 수강한 후 칼리지 보드(College Board)에서 주관하는 AP 시험에 응시하고 있습니다.

SJA의 학생들은 전체 AP 과목에서 평균 4점 이상 취득하였고, 특히 수학과 그림 부분에서는 거의 평균 5점 만점을 취득할 정도로 우수한 성적을 보여주고 있습니다. AP 시험에서 SJA 제주 학생들은 거의 모든 과목에서 글로벌 평균 점수 이상을 취득하였고, 한국인 평균 점수보다도 월등히 높은 점수를 취득할 만큼 괄목할 만한 학업 성취도를 보이고 있습니다.

▶ SJA 제주의 AP 개설 교과목

AP 프로그램	개설 교과목
Art	2-D Art and Design 3-D Art and Design Drawing
Science	Biology Chemistry Environmental Science Physics C
Language	Chinese Language & Culture English Language and Composition
Mathematics	Calculus AB Calculus BC Statistics
Computer	Computer Science Principles Computer Science A
Society	Human Geography Microeconomics Macroeconomics Psychology World History-Modern

※출처: SJA 제주 홈페이지

SJA 제주의 기숙사는 학생들이 공동체 생활을 통해 사회성과 공동체 정신을 배울 수 있도록 중점을 두고 있습니다. 기숙사의 모토가 "Become part of something bigger than themselves(개인보다 더 큰 공동체의 일원이 되기)"입니다.

이런 취지에 맞추어 기숙사 학생들은 모두 방과 후 활동(After School Activity)에 의무적으로 참여해야 합니다. 학생이 원하는 스포츠나 동호회 활동에 참여함으로써 사회성 등의 역량을 개발하고, 주말에는 제주도 내 타 지역으로 여행을 가거나 볼링, 승마, 골프 등의 활동에 참여합니다. 평일 방

과 후에는 자율학습에 참여해야 합니다. 기숙사 사감 선생님은 학생들의 학습 진도 및 숙제 완료 여부 등을 확인합니다.

기숙사는 기본적으로 2인 1실로 운영되고 있으나 입시 준비를 하는 고등학생의 경우 1인 1실도 사용 가능합니다. 2인 1실 기숙사이다 보니 때로는 룸메이트 간에 크고 작은 갈등이 발생할 수 있는데 만약 갈등이 해소되지 않고 학생의 스트레스가 심할 경우에는 사감 선생님이 중재에 나서서 해결책을 강구하고 있습니다. 기숙사 방에는 기본적으로 침대 2개, 옷장 2개, 책상 2개가 구비되어 있으며, 화장실은 각 방마다 설치되어 있습니다. 기숙사 위생 유지를 위해 매일 오전에 파트너 직원들이 방 청소 등 청결 상태를 관리하고 있습니다.

▶ 기숙사 일과표

시간	평일	주말
7:00 ~ 8:15	기상 & 아침 식사	기상 & 아침 식사
8:30 ~ 17:15	학교 수업	주말 액티비티
17:30 ~	기숙사 오픈	휴식 시간
17:30 ~ 18:30	저녁 식사	저녁 식사
18:30 ~ 20:30	기숙사 내 도서관에서 자율학습	개인 여가 활동 (영화관람, 요리, 작품 만들기, 운동 등)
22:30 ~	취침	취침

SJA 제주, 대학 입시 결과는
어떤가요?

    SJA 제주는 본교가 미국 동북부에 기반을 두고 있는 만큼 대부분의 졸업생이 미국, 캐나다 등 북미 소재 대학으로 진학하고 있습니다. 이제 2개년 졸업생을 배출한 신설 학교임에도 불구하고 코넬(Cornell), 다트머스(Dartmouth) 등 IVY리그를 비롯한 미국 내 우수 대학의 입학생을 배출하고 있으며, 특히 21년 진학 결과를 통해 명문 국제학교임을 다시 한 번 입증했습니다.

▶ SJA 제주 대학 진학 결과(2021년 기준)

국가	진학 대학	
미국	ArtCenter College of Design Babson College Berklee College of Music Boston University California College of the Arts Case Western Reserve University Cornell University Dartmouth College DigiPen Institute of Technology Drexel University Emory University Fordham University George Washington University Georgia Institute of Technology Gettysburg College Indiana University Bloomington Johns Hopkins University Lehigh University Macalester College Marist College Maryland Institute College of Art Miami University, Oxford Michigan State University New York University Northeastern University Pennsylvania State University, University Park Pepperdine University Pratt Institute Purdue University Rhodes College Ringling College of Art and Design Rutgers University, New Brunswick	School of the Art Institute of Chicago School of Visual Arts Seattle University SUNY at Albany Syracuse University The City University of New York John Jay College of Criminal Justice The New School University of California, Berkeley University of California, Davis University of California, Irvine University of California, Los Angeles University of California, Riverside University of California, San Diego University of California, Santa Barbara University of Illinois, Urbana-Champaign University of Iowa University of Massachusetts, Amherst University of Michigan University of Richmond University of Rochester University of San Francisco University of Southern California University of Texas, Austin University of Virginia University of Washington University of Wisconsin, Madison University of Wisconsin, Milwaukee
영국	Edinburgh College King's College London University College London University of Bristol University of the West of England University of Warwick	
유럽	Technical University (TU) Delft University of Twente	

국가	진학 대학
캐나다	Acadia University Carleton University McGill University Mount Allison University Queen's University University of King's College University of Ottawa University of Toronto University of Victoria
아시아	Hosei University International Christian University Ritsumeikan University Chinese University of Hong Kong City University of Hong Kong The University of Hong Kong National University of Singapore Yale-NUS Yonsei University-Underwood

※출처: SJA 제주 홈페이지

KIS 제주, 교육철학은
무엇인가요?

KIS 제주의 높은 학업 성취도는 본교 출신의 하버드 합격생이 배출되면서 다시 한 번 입증되었습니다. 이 학생의 경우 KIS 제주 개교 당시 초등학생으로 입학한 후 고등학교까지 전 과정을 KIS 제주에서 수학한 후 하버드에서도 경쟁률이 가장 높다고 하는 Computer Science 학과에 합격하는 좋은 결과를 이루어냈습니다. 이를 계기로 KIS 제주의 커리큘럼과 교사진에 대한 학부모들의 신뢰도가 한층 상승하였으며 실제로 KIS 제주로의 입학 문의와 지원자가 급증하였습니다.

KIS 제주는 YBM에서 직접 운영하는 국제학교로, 미국이나 영국 등에 모교(Home School)가 있는 일종의 라이선스 국제학교와는 차이가 있습니다. 따라서 KIS 제주는 기본적으로 미국식 프로그램을 따르는 AP 학교임에도 이와 동시에 한국식 입시교육의 분위기를 가지고 있다는 평가를 받고 있습니다.

KIS 제주의 모든 수업은 미국식 커리큘럼에 따라 진행되지만, 대학 입시에 있어서는 한국식 몰입 교육의 형태를 일부 도입하여 최적의 진학 결과를 내고 있다고 할 수 있습니다. 그래서인지 학생들의 공부량이 상대적으로 많은 편이며 시험 성적뿐만 아니라 매년 대학 입시에서도 놀라운 성과를 보여주고 있습니다. 간혹 서울-제주 간 비행기에서도 공부를 하는 국제학교 학생들을 보는 경우가 있는데 대부분이 KIS 학생이라고 보면 됩니다.

KIS 제주, 학교 프로그램은
어떻게 운영되나요?

KIS 제주는 AP 프로그램으로 운영되는 학교입니다. 20개 이상의 AP 교과목을 개설하고 있으며, 학생들은 원하는 과목을 수강할 수 있습니다. 특히 높은 학업 성취도로 정평이 나 있는 KIS 제주는 우수한 교사진을 영입하여 학생들이 우수한 AP 성적을 달성할 수 있도록 최선을 다하고 있습니다.

▶ KIS 제주의 AP 개설 교과목

AP 프로그램	개설 교과목
ARTS AND HUMANITIES	Chinese Language and Culture Comparative Government and Politics Language and Composition Literature and Composition Macroeconomics Research Spanish Language and Culture Seminar

ARTS AND HUMANITIES	Studio Art 2-D Studio Art Drawing US History World History: Modern
MATH AND SCIENCE	Biology Calculus AB Calculus BC Chemistry Psychology Physics 1 Physics 2 Physics C: Mechanics Physics C: Electricity and Magnetism Statistics Computer Science Principles Computer Science A

※출처: KIS 제주 홈페이지

기숙사는 2인 1실을 기본으로 학년과 성별에 따라 방을 배정합니다. 중학생은 담당 교사 1명이 8명의 학생을 담당하고 있으며, 고등학생은 담당 교사 1명이 12명의 학생을 지원하고 있습니다. KIS 제주 기숙사의 경우 학생들의 정서적인 도움을 위해 한국인 교사도 별도로 채용하고 있습니다.

기숙사 학생들은 다양한 클럽 활동에 참여합니다. 승마, 골프, 스쿠버 다이빙, 음악 레슨, 하이킹, 팀 스포츠, 요리 예술, 요가, 봉사활동 등이 있으며 학생들은 원하는 프로그램을 자유롭게 선택할 수 있습니다.

기숙사에서 룸메이트와 갈등이 있는 경우에는 기숙사 내부에서 학생 간 조정 절차를 거쳐 갈등이 원만하게 해결될 수 있도록 돕고 있는데 가급적 방을 바꾸지 않는 것을 원칙으로 합니다. 하지만 갈등으로 인한 학생의 스트레스가 심각한 경우에는 학부모와의 상담을 통해 다른 방안을 찾는 경우도 있습니다.

▶ 기숙사 일과표

시간	평일	주말
7:10 ~ 8:10	기상 & 아침 식사	9시 기상 & 아침 식사
8:20 ~ 17:10	학교 수업	주말 레저 활동
17:10 ~ 17:50	자유 시간	휴식 시간
17:50 ~ 18:25	저녁 식사	저녁 식사
18:25 ~ 19:25	샤워, 방 정리 등	클럽 활동 및 스터디 자유 시간
19:30 ~ 21:00	자율 학습	
21:30 ~ 22:30	간식 및 휴식	
22:45 ~	취침	취침

한국국제학교(KIS) 제주 ⓒ Wikimedia Commons

KIS 제주, 대학 입시 결과는
어떤가요?

KIS 제주는 학생들의 우수한 성적과 성공적인 대학 진학 결과로 명성이 높은 국제학교입니다. AP 학교인 KIS 제주는 대부분의 졸업생이 특히 미국과 캐나다를 비롯한 북미권 대학에 진학하였습니다. IVY 리그인 컬럼비아(Columbia), 코넬(Cornell)뿐만 아니라 존스홉킨스(Johns Hopkins) 등 미국 전역의 우수 대학에 입학생을 배출하였습니다. 최근에는 우수한 성적으로 서울대학교에 진학하기도 했습니다.

국가	진학 대학	
미국	Adelphi University	School of the Art Institute of Chicago
	Albany College of Pharmacy and Health Sciences	School of Visual Arts
	American University	Stony brook university
	Arizona State University	Syracuse University
	Art Center College of Design	Texas A&M University
	Boston College	The New School
	Boston University	Thomas Jefferson University
	California Polytechnic State University	Tufts University
	Carnegie Mellon University	University at Buffalo
	Case Western Reserve University	University of Alberta
	Central Michigan University	University of California--Berkeley
	College of William and Mary	University of California--Davis
	College of Wooster	University of California--Irvine
	Columbia University/Sciences Po Dual Degree Program	University of California--Los Angeles
	Cornell University	University of California--Merced
	Dalhousie University	University of California--Riverside
	DePaul University	University of California--San Diego
	Drexel University	University of California--Santa Barbara
	Emerson University	University of California--Santa Cruz
	Emory University	University of Delaware
	Florida State University	University of Detroit Mercy
	George Washington University	University of Florida
	Georgia Institute of Technology	University of Health Sciences and Pharmacy in St. Louis
	Grinnell College	University of Illinois at Chicago
	Indiana University Bloomington	University of Illinois--Urbana-Champaign
	Johns Hopkins University	University of Massachusetts Amherst
	Kelley school of business	University of Michigan--Ann Arbor
	Loyola Marymount University	University of Nevada Las Vegas
	Massachusetts College of Pharmacy and Health Sciences	University of North Carolina--Chapel Hill
	Michigan State University	University of Oregon
	New York University	University of Pittsburgh
	Northeastern University	University of Rhode Island
	Nova Southeastern University	University of Southern California
	Ohio State University	University of Texas, Austin
	Otis College of Art and Design	University of the Pacific
	Pennsylvania State University	University of Washington at Seattle
	Purdue University	University of Waterloo
	Reed College	University of Wisconsin-Madison
	Rhodes College	Vanderbilt University
	Rice University	Virginia Polytechnic Institute and State University
	Rose-Hulman Institute of Technology	Wabash College
	Rutgers University	Washington University in St.Louis

국가	진학 대학
영국	Imperial College of London King's College London University College London University of Aberdeen University of Chester University of Dundee University of East Anglia University of Edinburgh University of Glasgow
유럽	Les Roches Global Hospitality Education Toulouse business school barcelona Eindhoven University of Technology University of Amsterdam Jacobs University Bremen
캐나다	Acadia University Carleton University McGill University Mount Allison University Queen's University University of King's College University of Ottawa University of Toronto University of Victoria
아시아	SUNY Korea (Stony Brook University) Chinese University of Hong Kong City University of Hong Kong Hong Kong Polytechnic University Hong Kong University of Science and Technology University of Hong Kong Waseda University

※출처: KIS 제주 홈페이지

PART

5

Jeju

International
Schools

제주 영어교육도시에서
살아가기

제주 영어교육도시의
분위기는 어떤가요?

제주 영어교육도시의 또 다른 별칭은 Global Education City(GEC)입니다. 이름에서 알 수 있듯이 제주 영어교육도시는 한국인지 외국인지 가늠이 안 될 정도로 독특한 분위기를 가진 곳입니다. 자연 경관과 신선한 공기는 분명 한국의 제주도인데, 길에서는 영어로 이야기하면서 지나가는 외국인들을 쉽게 마주칠 수 있고, 다양한 인종과 국적의 학생들이 자유롭게 어울리는 독특한 분위기가 느껴집니다. 제주 영어교육도시 내 음식점이나 상가 인테리어 역시 외국의 여느 스트리트 상가 분위기가 납니다.

GEC 타운에는 현재 총 4개의 국제학교(NLCS, BHA, KIS, SJA)가 타운의 정가운데에 일렬로 배치되어 있습니다. 이들 국제학교 기준으로 동쪽에는 아파트와 타운 하우스 등의 주거 구역이 형성되어 있습니다. 그리고 남쪽으로는 마트와 식당 등 생활 편의 시설들이 모여 있고 그 아래쪽으로 시원한 제주 모슬포 바다와 우뚝 솟은 산방산이 한눈에 내려다보입니다.

영어교육도시 진입로 ⓒ 월터 미티

　제주 영어교육도시의 전반적인 치안 상황은 매우 양호한 편입니다. 일단 영어교육도시로의 진입로가 2개(오설록 방면, 모슬포 방면)뿐이라서 다른 지역과는 생활권이 분리되어 있는 편입니다. GEC 내 거주민의 대부분이 교사, 학부모, 학생들로 구성되어 있어서 곶자왈도립공원 관광객 외에 외부인의 방문이 극히 제한적입니다. 또한 파출소가 GEC 정중앙에 위치해 치안을 챙기고 있기 때문에 GEC 내에서는 밤에도 동네 산책이 가능합니다. 서울과 다르게 제주도의 타지역 같은 경우 오후 5시만 되어도 너무 캄캄해서 산책하기가 쉽지 않은 편인데 그에 비하면 GEC는 매우 양호한 편이라고 할 수 있습니다.

GEC 내 교통 안전도 비교적 양호한 편입니다. GEC 구역은 대부분 어린이보호구역에 해당되기 때문에 차량 주행 속도가 시속 30km이내로 맞추어져 있고, 아파트 단지 내에서는 10km로 서행해야 합니다. 다만 가끔 학생들이 퀵보드와 자전거를 너무 빠르게 타는 경우가 있고, 일부 학부모의 경우 운전이 다소 서툴고 성격이 급해서 규정속도를 지키지 않는 경우가 있으니 이 점은 각별히 주의해야 합니다. 특히 최근에 학생들이 GEC 내 경사로를 이용하여 퀵보드를 너무 빠르게 타는 경향이 있는데 학교나 학부모 차원에서 학생들의 교통 안전 교육에 신경을 더욱 기울여야 할 듯합니다.

위와 같이 자녀의 통학, 치안, 면학 분위기 등을 전반적으로 고려할 때, 제주국제학교 학부모라면 GEC 내에 거주하는 것을 추천드립니다. 자녀들이 친구들과 방과 후 모임이나 운동을 많이 하기 때문에 학부모가 매번 타 지역에서 차로 픽업하기가 생각보다 쉽지 않을 수 있습니다. 제주도는 대중교통이 부족하고 차 없이 이동하기가 쉽지 않기 때문에 차량 구입은 필수입니다.

제주국제학교는 국제적으로 지원자를 받지만 한국에 소재하고 있는 특성상 특정 지역 혹은 특정 직업군의 자녀 비율이 상대적으로 높은 것도 사실입니다. 자녀가 국제학교에서 어떤 친구들과 어울리는지도 중요하지만, 부모 입장에서 학부모 커뮤니티에 소속된 사람들이 어떤 배경을 갖고 있는지도 무시할 수 없는 부분이기 때문에 국제학교 학생들의 출신이나 구성도 살펴볼 필요가 있습니다.

제주국제학교에는 유명 연예인, 정치인 혹은 기업인의 자녀들이 다수 재학 중입니다. 하지만 대부분의 학생은 굳이 본인의 출신이나 부모에 대해서 언급하지 않고, 친구들 또한 이에 대해 의미를 부여하지 않는 편입니다. 어릴 때부터 해외에서 자랐거나 다양한 배경을 가지고 있기 때문에 이에 대한 편견이나 의미를 크게 두지 않는 듯합니다. 다양성을 중시하는 국제학교의 교육철학 덕분에 학생들은 각자의 프라이버시를 존중하고 배경이나 출신으로 인해 특별히 관심을 받는 경우는 거의 없는 것 같습니다.

아래 표는 2022년 지원자 기준으로 제주국제학교에 진학한 학생들의 출신 지역을 보여주는 자료입니다. 서울이 35%로 가장 많고, 다음으로 경기도 22%, 제주도 20%, 경상도 13%, 기타 지역 9%, 해외 1% 순입니다. 제주도 지원자의 대부분은 형제자매가 이미 국제학교에 재학 중인 경우로 사실상 타지역 출신(대부분 수도권)이라고 보면 됩니다. 표에서 알 수 있듯이 서울을 비롯한 수도권의 학생 비중이 80% 정도 됩니다.

▶ 제주국제학교 학생의 출신 지역 현황(2022년)

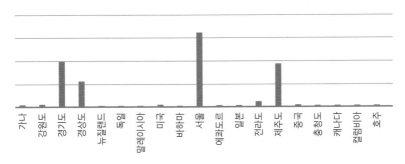

좀 더 세부적으로 서울 출신 학생들의 출신 지역구를 살펴보면 아래와 같습니다. 서울 출신 학생 중에 강남, 서초, 용산, 송파와 잠실, 목동, 기타 지역 순입니다. 아무래도 소득수준이 높거나 학군이 잘 형성된 지역구에서 제주국제학교로 많이 지원하고 있다고 볼 수 있습니다.

▶ 서울 출신 학생의 지역구 현황

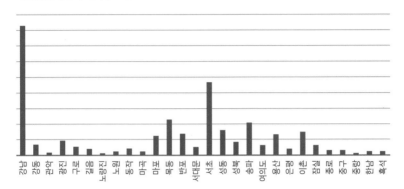

제주 영어교육도시로
어떻게 이주하나요?

GEC 타운 내에 주거 형태는 크게 단독주택 위주의 타운하우스와 공동주택인 아파트로 나눌 수 있습니다. 외국인들은 아파트보다는 단독 형태의 타운하우스를 선호하지만 한국인은 아파트를 선호하기 때문에 아파트 위주로 설명하겠습니다.

GEC 타운 내 대표 아파트로서 국제학교 바로 인근에 라온프라이빗에듀, 해동골드, 한신더휴, 삼정에듀 아파트가 줄지어서 한 구역을 형성하고 있습니다. GEC 남쪽 대형마트상가 인근에는 라임힐, 아이파크가 들어와 있고, 상가구역과 약간의 거리를 두고 한화꿈에그린 아파트가 있습니다. 그리고 이들 아파트 중간중간에 타운하우스가 자리를 잡고 있습니다.

우선 가장 인기가 많은 해동골드 아파트는 국제학교 캠퍼스 사이를 가로지르는 산책 공원을 아파트 바로 옆에 끼고 있어서 학생들이 찻길을 건너지 않고 등하교를 할 수 있는 아파트입니다. 2016년 5월에 준공되었고 총

288세대로 구성되어 있습니다. 캐나다 학교인 BHA 바로 옆에 위치하고 있어서 여학생 자녀를 둔 부모님에게 특히 인기가 많고 NLCS, SJA, KIS 등 모든 국제학교를 건널목 없이 도보로 이동이 가능하기 때문에 GEC 내 최적의 입지를 가진 아파트라고 할 수 있습니다. 인기가 많아서 연세(年稅)도 가장 먼저 나가는 편입니다.

다음으로 추천할 곳은 라온프라이빗에듀 아파트입니다. 라온프라이빗에듀는 BHA 바로 길 맞은편에 위치하고 있습니다. 2014년 9월에 준공되었고 총 420세대, 20평대, 30평대 아파트로 구성되어 있습니다. 단지 내 조경이 주변 공원과 어우러져서 휴양지 펜션 느낌이 날 정도로 우수한 아파트이고, 4개의 국제학교 중간에 위치하여 학생들의 등하교도 도보로 편하게 할 수 있어서 인기가 높은 편입니다. 관리도 깔끔하고 관리비도 상대적으로 저렴한 편입니다. 특히 아파트 인근에 스타벅스, 파리바게트, 편의점, 식료품점 등이 위치하고 있어서 생활 편의가 가장 우수하다고 할 수 있습니다.

한신더휴 아파트는 라온프라이빗에듀 바로 옆에 붙어 있는 아파트로 SJA와 도보 3분 거리에 위치해 있으며 가장 최근에 지어진 신축 아파트입니다. 다만 임대 후 분양 조건으로 건설되어 2022년 하반기 분양을 앞두고 있습니다. 단지 내 상가에 뚜레쥬르, 편의점, 병원, 약국 등이 위치하고 있어서 편리하고 최근 영어교육도시에 본격적으로 입주하기 시작한 각종 학원이 밀집되어 있는 학원상가에서 가장 가까운 아파트라고 할 수 있습니다.

삼정 아파트는 한신더휴 아래쪽에 위치해 있는데, 위 4개 아파트 중에서는 상대적으로 지대가 낮은 편입니다. 아파트 바로 옆에 곶자왈도립공원이 있어서 친환경적이지만 한편으로는 다른 아파트보다 좀 더 습하다는 평이 있습니다. 그래도 세대수가 700세대로 가장 많고, 단지 내 피트니스센터가 가장 잘 갖추어져 있어서 운동 좋아하는 분들에게 인기가 많은 아파트입니다. 국제학교까지는 다소 얕은 경사로를 지나야 하지만 도보 15~20분 내로 통학이 가능합니다.

GEC 남쪽 구역 아파트로는 최근에 지어진 라임힐이 있습니다. 라임힐 바로 앞에는 2개의 마트가 입점한 상가건물이 있고, 여기에 투썸플레이스, 파스쿠치 등의 프렌차이즈 카페와 여러 종류의 식당들이 입점해 있어서 생활편의시설이 잘 갖춰진 편입니다. 라임힐은 세대수는 적지만 대부분이 큰 평형 위주로 구성되어 있으며, 아파트 자재가 고급스럽고 내부 구조가 잘 빠졌다는 평가를 받고 있습니다. 학생들의 도보 통학은 30분 정도 걸립니다.

라임힐 근처 아이파크도 큰 평수 위주로 구성되어 있으며, 아파트 자체에서 학교로 통학해주는 버스를 운영하고 있습니다. 큰 평수라 관리비가 상대적으로 비싼 편입니다. 아이파크의 특이한 점은 건설 승인 시 콘도로 승인을 받은 덕에 주택 수에 포함이 안 된다는 점입니다. 마지막으로 아이파크 뒤에 위치한 한화꿈에그린 아파트가 있습니다. 후분양으로 2022년 분양 예정인데, 곶자왈 숲 근처라서 자연 경관이 좋은 아파트입니다.

GEC 내에는 아파트 이외에도 야외 테라스와 잔디 마당이 있는 단독주택 타운도 있는데 외국처럼 아기자기 잘 지어진 집들이 많습니다. 단독주택이다 보니 주택관리가 쉽지 않고 벌레가 꽤 많다는 단점이 있습니다. 특히 제주의 곤충이나 동물의 크기가 육지보다는 큰 편이라서 벌레를 무서워한다면 다른 아파트를 알아보는 게 나을 듯합니다.

제주도에는 지역 특성상 임대차시장에 전세가 많지 않고, 월세도 거의 없다고 보면 됩니다. 대신 일년 치 월세를 매년 한 번에 받는 연세 제도가 보편적입니다. 제주 영어교육도시 인근의 아파트와 오피스텔의 경우 연세 물건이 많고, 가끔 귀한 전세 물건이 나오는 경우가 있습니다.

제주 영어교육도시의 연세 비용은 최근 제주국제학교의 인기와 더불어 급등세를 보이고 있습니다. 2022년 5월 현재 영어교육도시 내의 34평 아파트의 평균 연세는 약 3,300~3,500만 원 수준입니다. 불과 3년 전 2019년 동일 평수 평균 연세가 약 1,600~1,800만 원이었던 것과 비교하면 2배 이상이 오른 셈입니다. 이러한 높은 연세 비용에도 불구하고 제주국제학교에 응시하는 학생들이 꾸준히 증가하고 있기 때문에 학교가 가깝고 상태가 좋은 임대 물건의 경우, 집을 안 보고 계약할 정도로 인기가 높습니다.

아파트 관리비는 평수에 따라 10~40만 원 정도 나오지만, 제주 영어교육도시 인근 타운하우스의 경우에는 난방비만 100만 원이 넘게 나오는 경우도 있다고 하니 집을 고를 때 반드시 관리비와 난방비 규모를 사전에 알아보기를 추천합니다.

이번에는 제주로 이사하는 방법을 알아보겠습니다. 제주도로 이사라니, 언뜻 생각해도 정말 쉽지 않겠구나 하는 걱정이 앞서게 됩니다. 근처 동네로 이사하는 일만 해도 머리가 아픈데, 육지에서 제주로의 이사는 바다를 건넌다는 이유만으로 생각지도 못한 장벽에 걸리는 경우가 발생하곤 합니다. 하지만 시간이 지날수록 제주국제학교 주변에 아파트가 많이 들어서고 관련 인프라가 자리를 잡으면서 예전에 비해 이사 절차가 편리해졌고 전문 이사 업체도 이제 꽤 많아져서 과거에 비해 한결 이사가 수월해졌습니다.

물론 이사 비용은 육지에서 이동하는 것보다 1.5~2배 정도 비싼 건 어쩔 수 없지만 생각보다 제주로의 이사가 그렇게 힘들지만은 않습니다. 우선 인터넷을 검색하면 제주 이사를 전문으로 하는 이사 업체들이 여럿 검색됩니다. 통상 이런 이사 업체는 육지에서 이삿짐을 컨테이너 트럭에 모두 실은 후에 익일 배편을 통해 제주로 이삿짐을 운송합니다. 이렇게 보내온 이삿짐은 태풍 등의 부득이한 사정이 있는 경우를 제외하면 보통 3~4일 후 제주에 도착하는 것이 일반적입니다. 제주국제학교 이사를 전문으로 하는 이사 업체도 여럿 있으니 이들 업체를 활용하면 좀 더 편할 듯합니다.

간혹 이사가 너무 머리 아프고, 무거운 가구를 옮기고 배치하는 게 번거로운 사람들은 제주에 도착해서 가구와 가전 등을 구입하겠다고 계획하기도 합니다. 물론 제주에서 새로 구입하는 것도 나쁘지는 않지만 제주는 특히 가구 등 공산품 가격이 상대적으로 비싼 편이고, 종류도 많지 않아서 마음에 드는 물건을 구하기 어려울 가능성이 높습니다. 품질 대비 가격이 비싼 편이라 생각보다 실망하는 경우가 많습니다. 그래서 꼭 필요한 가구나 전자제품이 있으면 가급적 이사를 통해 직접 가지고 오는 것을 개인적으로 추천합니다. 최근에는 당근마켓 등의 중고물품 직거래 플랫폼을 통해서 개인 간 중고 거래도 활발한 편이니 이를 잘 활용하면 저렴하게 좋은 물건을 구입할 수도 있습니다.

제주의 기후는 육지와 차이가 매우 큰 편입니다. 그래서 제주도에 살기 위해 반드시 필요한 물품이 몇 가지 있는데, 그중 가장 중요한 것이 바로 제습기와 건조기입니다. 제주도 날씨는 예상보다 훨씬 습하다고 보면 됩니다. 특히 여름철에는 빨래도 마르지 않고 곰팡이도 쉽게 생깁니다. 제습기를 틀고 약 3시간 후면 수통이 가득 차버립니다. 이 때문에 제습기와 빨래건조기

위. BHA 옆에 위치한 해동그린 아파트 전경 ⓒ 월터 미티
아래. 학교로 이어지는 공원길에서 바라본 해동그린 아파트 단지 ⓒ 월터 미티

는 필수품이며, 제주 생활을 해본 사람이라면 누구나 동의할 거라고 확신합니다.

제주국제학교 생활에 빠질 수 없는 것이 자가용입니다. 신차를 구매할 수도 있고 기존의 차량을 탁송할 수도 있습니다. 이사업체에서 차량까지 함께 탁송해주는 서비스를 옵션으로 제공하고 있으니 이를 활용하면 됩니다. 신차 구입 시에는 제주까지 차량을 보내주는 데 약 40만 원의 비용이 추가로 소요됩니다. 통상 서울에서 차를 보내면 이틀 후에 제주 집에서 받아볼 수 있습니다. 차량은 보통 전라도 여수나 장흥에서 출발하는 배편을 통해 제주까지 실어오게 됩니다.

53

제주 영어교육도시의
생활환경은 어떤가요?

영어교육도시 내에는 생활용품과 식재료 구입을 위한 마트가 크게 2개 있습니다. 고급화 전략을 구사하는 마켓오리진과 상대적으로 저렴한 가격이 장점인 에듀시티마트로 모두 영어교육도시 남쪽의 이노상가라는 곳에 입점해 있습니다. 이노상가는 GEC 내의 상가구역으로 마트, 음식점, 노래방, 빨래방, 커피 전문점 등 다양한 상업시설이 모여 있어 주변에 아파트들이 새로 입점하면서 상가도 점차 활성화되고 있습니다.

마켓오리진은 특히 외국인들이 좋아할 만한 식자재를 깔끔하게 포장하여 제공합니다. 마치 미국이나 유럽의 Grocery Store처럼 들어가보면 한국의 대중마트 느낌보다는 외국마트와 더 유사한 분위기입니다. 마켓오리진은 특히 생선이나 육류 등이 신선한 편으로 신선한 생선이나 육류 등을 손질해서 직접 구워주는 그릴서비스도 제공합니다.

반면 에듀시티마트는 전형적인 한국 스타일 마트로 대부분 한국 식료품

위.이스톤의원과 약국이 위치한 한신더휴 아파트 상가 ⓒ 월터 미티
아래. GEC 내의 행정상가(주민센터 출장소, 경찰서, 농협은행 등) ⓒ 월터 미티

을 판매하고 있고, 마켓오리진에 비해 넓은 편이고 한국인이 주로 이용하는 마트입니다. 물론 다양한 치즈나 요구르트, 와인 등 외국 물건도 일부 판매하고 있긴 합니다. 에듀시티마트의 가장 큰 장점은 뭐니 뭐니 해도 저렴한 가격입니다.

제주에서 살면서 제일 걱정되는 것은 의료 서비스인 것 같습니다. 아쉽게도 제주에는 3차 병원이라고 할 수 있는 대형병원이 없습니다. 제주시 내 제주대학교병원이 가장 큰 대학병원인데, 2차 병원이라고 합니다. 타지에서 들어온 사람들이 나이가 많이 들면 육지로 돌아가야겠다고 생각하는 가장 큰 이유가 의료 서비스 부족 때문이라고 합니다.

영어교육도시 인근에는 부족하지만 몇 개의 개인 병원이 입점해 있습니다. 영어교육도시 내의 병원으로는 한신더휴 상가에 위치한 내과 겸 가정의학과인 이스톤의원이 있습니다. GEC 내 학부모들과 아이들이 진료를 위해 자주 이용하는 편입니다. 같은 상가 1층에는 약국이 있는데, GEC 내 유일한 약국입니다.

다음으로 피부과와 여성 부인과를 운영하고 있는 카멜리아의원이 있습니다. 피부 시술이나 관리를 받는 학부모들이 많이 이용하는 것 같습니다. 또한 삼정아파트 상가에 치과가 입점해 있어서 치과진료를 편리하게 이용할 수 있습니다.

이 외에 다른 진료가 필요한 경우에는 모슬포나 안덕에 있는 병원으로 가게 되는데 GEC에서 차량으로 15분 정도 소요됩니다. 안덕의원도 영어교육도시 주민들이 자주 이용하는 병원 중 하나이며, 모슬포의 삼성정형외과도 자주 이용합니다.

위. 근린공원 ⓒ 월터 미티
아래. 곶자왈도립공원 ⓒ 월터 미티

학생들은 국제학교 내에 간호사 자격증이 있는 선생님이 4명 정도 항상 상주하고 있기 때문에 감기나 간단한 진료는 크게 걱정 안 해도 됩니다. 가끔 크게 아프거나 병원 진료가 필요한 경우에는 제주시의 제주대학병원, 한라대학병원을 이용하는데 차량으로 40분 이상 소요되어 약간 불안할 수는 있습니다. 서귀포 의료원이 있으나 가급적 제주시 대학병원을 이용하는 것을 추천합니다.

GEC 내에는 상가가 많지 않아서 근처에 식당이 많은 편은 아니지만, 그래도 생각보다 다양한 식당이 있습니다. 외국인들의 입맛을 겨냥한 레스토랑도 있고, 아이들 혹은 학부모들의 가족 단위 외식에 적합한 다양한 맛집들도 많이 생겨나고 있습니다.

제주국제학교 학생 수가 많아짐에 따라 자연스럽게 과거보다 더 많은 학부모가 영어교육도시 내에 거주하게 되면서 특히 엄마들을 위한 여러 편의시설이 속속 들어오고 있습니다. 피트니스, 필라테스, 피부관리, 동호회 등 다양한 시설과 커뮤니티가 만들어지면서 예전보다 훨씬 윤택한 제주 생활이 가능해지고 있습니다.

제주 영어교육도시에도
학원이 있나요?

제주국제학교의 인기가 높아지고 학생 수가 많아지면서 자연스럽게 GEC 내에 입점하는 학원의 수도 빠르게 증가하고 있습니다. 특히 세인트존스베리 학교 인근에 학원 입점을 주 용도로 하는 대형 상가가 있습니다. 코로나19 이전 2019년만 하더라도 건물에 공실이 많았고 입점한 학원도 개수가 많지 않았지만, 최근 1~2년 사이에 여러 종류의 사설 학원이 동시다발로 입점하면서 지금은 상가가 가득 차서 임대료도 무섭게 올랐습니다.

SJA 옆 학원 상가에는 영어, 수학 학원 외에도 피아노, 펜싱, 코딩 학원 등 다양한 과목의 학원이 입점해 있으며, 국제학교 인근인 만큼 SAT, IB 혹은 AP 시험 대비 등 해외 대학 입시를 전문으로 하는 학원도 다양하게 들어와 있습니다.

라온프라이빗에듀 아파트 옆 스타벅스 인근 상가에도 수학이나 IB 혹은

AP 시험 대비 학원 등 소수의 학원이 있으며, 영국학교인 NLCS 앞의 캐논
상가에도 몇 개의 학원이 자리 잡고 있습니다.

이 외에도 영어교육도시 내에는 수학이나 과학 과목을 전문으로 하는
과외 선생님도 다수 영업 중이며, 외국인이 많은 지역인 만큼 원어민 영어
과외도 쉽게 구할 수 있습니다. 외국에서 공부한 고학력 학부모가 직접 운
영하는 과외나 공부방도 있으며, 외국대학을 나온 학생들이 가르치는 과외
를 통해 AP, IP, SAT, 에세이 등을 학습할 수 있습니다.

인기가 많은 강사의 경우 시간당 10만 원 이상을 부르는 곳도 있습니다.
높은 강사료에도 불구하고 강사가 시간이 없어서 일요일에 겨우 스케줄을
잡는 경우도 있다고 하니, 더 이상 제주국제학교도 사교육에서 자유로울 수

는 없는 것 같습니다.

　물론 국내 일반학교에서의 과도한 사교육과 경쟁이 싫어서 제주국제학교를 선택한 학부모와 학생이 많은 편이지만, 아무래도 더 좋은 국내 혹은 해외 대학 진학을 위해 사교육을 병행하는 경우가 늘어나는 추세입니다.

제주 영어교육도시에
학부모 커뮤니티가 있나요?

영어교육도시 주민 대부분은 학부모와 외국인 교원입니다. GEC는 교육과 진학이라는 공동의 테마를 가지고 모인 커뮤니티이기 때문에 특히 자녀들의 안전과 치안에 대해서 공동으로 대응하는 편이고, 제주 생활에 잘 적응할 수 있도록 카페나 오프라인 모임 등을 통해 생활정보나 진학정보를 공유하는 등의 학부모 커뮤니티가 잘 형성되어 있습니다.

대표적으로 GEC 내에는 제주 영어교육도시 주민협의회가 있습니다. 회원들은 매월 영어교육도시 내의 주요 현안에 대해 회의를 진행합니다. 영어교육도시 내 국제학교 추가 유치 여부, 공항 전세버스 운영, 주민 테니스 교실, 놀이터 추가 설치, 가스 공급단가 협의, 영어교육도시 내 순환버스 도입이나 도로 유턴 허용 문제, 공원 유지 보수 등 다양한 안건이 주민협의회에서 논의되고 있습니다. 영어교육도시 내에서 자녀들이 안전하게 통학할 수 있도록 물리적인 시설뿐만 아니라 제도 도입을 위한 지역조례 청원활동

등 적극적인 환경개선 활동을 펼치고 있습니다.

　오프라인 커뮤니티 외에도 제주국제학교 온라인 카페가 활성화되어 있어 주요 생활정보, 진학정보, 각종 학원이나 생활편의시설 등의 후기가 활발하게 공유되기 때문에 초기 적응 기간에 많은 도움을 받을 수 있습니다.

　다만 학부모 커뮤니티에는 다양한 사람이 모여 있기 때문에 서로 이견이 발생할 수도 있고, 경제적·문화적 차이로 불편함을 토로하는 경우도 있습니다. 몇몇 학부모는 이러한 불편함 때문에 제주시나 서귀포시로 이사를 가기도 합니다. 하지만 사람 사는 곳 어디에나 있는 문제이니 크게 염려할 필요는 없고, 대부분 교양 있고 자녀교육에 관심이 많다 보니 서로 커뮤니케이션이 잘 이루어지는 편입니다.

부록

Jeju
International
Schools

제주국제학교 사람들,
현장의 목소리

🎤 제주국제학교 교사
인터뷰 1_EAL 교사

Q. 학생들의 영어 능력 혹은 발달 정도가 궁금합니다.

A. 국제학교 학생들의 영어 실력은 학생별로 차이가 좀 나는 편이에요. 해외 거주 경험이 있거나 외국 국적 학생의 경우에는 영어가 원어민처럼 유창한 경우도 있지만, 한국학교에서 전학 온 경우에는 그렇지 못한 경우가 대부분입니다. 하지만 영어 유창성과 학업 성적이 반드시 비례하지는 않는 것 같습니다. 영어 말하기는 좀 유창하지 않아도, 수업을 잘 이해하고 성적도 높은 학생도 많습니다. 영어 말하기는 시간이 갈수록 점차 편안해지는 것 같습니다.

Q. 영어가 유창하지 못한 학생들에게 어떤 방식으로 도움을 주는지 궁금합니다.

A. 제가 근무하는 학교에는 각 과목 수업에 EAL 교사가 함께합니다. EAL 교사의 역할은 수업 시간에 학습 진도에 뒤처지거나 수업 내용을 이해하는 데 어려움을 겪는 학생들에게 부연 설명을 해주거나 추가 자료를 제공해주고, 보강 수업이 필요한 경우 따로 시간을 내고 있습니다. 물론 수업 시작 전에, 담당 교과목 교사와 상의하여 강의 자료를 학생 수준별로 만드는 작업도 꾸준히 하고 있습니다.

Q. 일반적인 한국학교를 다녔으면 학업 성취도가 더 높았을 것 같은 학생을 보신 적이 있는지, 언어로 인해서 학업의 어려움 혹은 흥미를 잃어버린 안타까운 사연이 있었나요?

A. EAL 교사로서 사실 이런 학생을 만나면 마음이 너무 아픕니다. 저는 최선을 다해 학생이 수업을 따라올 수 있도록 돕고 있습니다. 중학교 수업부터는 추상적인 개념을 학습하고 응용하는 문제들이 많습니다. 그런데 언어의 어려움으로 개념을 제대로 이해하거나 받아들이지 못해, 더 이상 발전이 어려운 학생도 있었습니다.

작년에 중학교 2학년 학생이 한국 중학교에서 전학을 왔습니다. 이 학생은 기존 학교에서는 반에서 상위권이었다고 들었습니다. 그런데 영어를 잘 이해하지 못했고 영어로 사고하는 것을 무척 힘들어했습니다. 단시간에 해결될 수 있는 문제도 아니어서, 학생 본인이 이런 상황을 받아들이기 무척 어려워했습니다. 안타깝게도 결국 1년 정도 힘든 시간을 보낸 뒤에, 다시 한국학교로 전학을 갔습니다. 학생이 한국학교의 진도를 다시 맞추기 위해(Make-Up) 부단히 노력해야 한다고 걱정했던 기억이 납니다.

Q. 수업에서 가장 중요하게 여기는 철학 혹은 가치관이 궁금합니다.

A. "모든 학생이 이해할 때까지, 나의 일과는 끝나지 않았다." 이게 제 일일 목표입니다. 매일 아침 항상 이렇게 외치고 하루를 시작합니다. 저는 EAL 교사로서 학생이 언어의 장벽으로 학교 수업에 낙오하는 경우는 용납할 수 없습니다. 저는 학생 개인별로 상담하는 시간을 가지고, 학생

에게 맞는 수준의 교재와 자료를 만드느라 밤늦은 시간에도 작업할 때가 많습니다.

Q. **다른 학교와 비교할 때 제주국제학교의 장점은 무엇인가요?**

A. 저는 학생들이 다양성을 존중하는 점이 가장 매력적인 것 같습니다. 한국학교에서는 학생들이 성적으로 자신의 위치를 정하고, 자존감을 잃어버리는 경우를 많이 보았습니다. 그런데 국제학교에서는 학생들이 본인을 다른 친구와 비교하지 않습니다. 학생들은 항상 자신감이 있고, 본인의 가능성에 대해서 열어놓고 생각하는 것 같습니다.

Q. **학습 진도 및 프로그램은 어떤 기준으로 편성이 되는지 궁금합니다.**

A. 매 학기 각 과목 교사들과 커리큘럼 코디네이터가 큰 틀을 정하고, 세부적인 목차와 자료를 업데이트합니다. 저는 EAL 교사라서 모든 과목 수업에 들어가기 때문에 각 과목에 대한 넓은 이해를 필요로 합니다. 그래서 저 역시 매 수업 전에 공부를 많이 하고 있습니다. 수업 중에 학생들의 수준도 평가하고, 매번 피드백을 제공받아서 자료를 보완하거나 수정하고 있습니다. 학교에서 편성한 프로그램에만 집착하지 않고, 매 학기와 학급의 학생들 눈높이에 맞는 교육을 제공할 수 있도록 노력하고 있습니다.

🎤 제주국제학교 교사
인터뷰 2_수학 선생님

Q. 수학 수업 교재와 지도 방법이 궁금합니다.

A. 저희 학교는 수학 교과서를 사용하지 않습니다. 다만, 권장하는 표준 진도표에 맞추어 수업 내용을 구성하고 수업 자료를 만들고 있습니다. 매년 재학생들의 수준이 상이하기 때문에 학급별 수준에 맞는 수학 문제를 선별하고, 학생에게 맞는 과업 수준을 결정합니다. 매주 수학 선생님들과 커리큘럼 코디네이터 선생님이 회의를 진행하여 교과 내용을 구성하고 시뮬레이션을 한 뒤, 학교장의 승인을 받고 있습니다.

Q. 학생들의 수학 실력과 학습 태도에 대한 선생님의 생각이 궁금합니다.

A. 제가 근무했던 아시아의 다른 국제학교와 비교해도 한국 학생들의 수학 실력은 뛰어나다고 생각합니다. 매년 2회 실시하는 MAP 테스트 점수 결과도 매우 높은 편입니다. 저는 학생들이 최대한 팀별로 수학 문제 해법을 논의하거나 과제를 해결하면서 논리적 사고력을 향상시킬 수 있도록 노력합니다. 아쉬운 점은, 미리 고등학교 수학 진도를 학습한 학생들이 수학 이론의 원론적인 고민을 하지 않는다는 것입니다.

Q. 학교 차원에서 수학경시대회에 참가하기도 하나요?

A. 주로 중학생들이 국제수학올림피아드에 참여합니다. 코로나 이전에는 태국에 가서 시험을 보고 오기도 했습니다. 참여하고자 하는 학생의 호응이 높은 편입니다.

Q. 수학을 잘하지 못하거나 진도에 뒤처진 학생을 위한 프로그램이 있나요?

A. 대부분의 학생이 수학을 잘하지만, 영어 실력 부족으로 새로운 진도를 나갈 때 잘 이해하지 못하는 학생들이 있습니다. 이 경우에는, EAL 교사가 학생의 이해를 높이기 위해 부연 설명을 해주고, 개별적으로 개념 이해를 돕는 문제를 제공하고 있습니다. EAL 교사들은 수학교사와 상의하여 최대한 학생 개개인의 수준에 맞는 부재료를 제공하기 위해 노력합니다.

Q. 다른 나라 국제학교 학생들과 한국 학생들의 차이점이 궁금해요.

A. 저는 중국과 태국에 있는 국제학교에서 근무했습니다. 제가 느끼는 차이점은 한국 학생들은 2~3년 앞서서 수학을 미리 공부한다는 점입니다. 이 때문에 학생들이 수업시간에 호기심이 부족해 보이기도 합니다. 하지만 어려운 난이도의 문제를 잘 해결하는 것 같습니다.

Q. 선생님 입장에서 제주국제학교에서 근무하는 장점이 궁금합니다.

A. 우선 다른 나라 국제학교 대비 시설과 규모가 훌륭합니다. 또한 학교는 수업 교재와 프로그램 개발을 위한 물적 지원을 아끼지 않습니다. 학

생 수 대비 교원의 비율이 높은 것도 장점입니다.

Q. AP 혹은 IB 시험 대비 수학 준비 반이 있나요?

A. 학교는 별도의 AP/IB 수학 과목 수업을 운영하고 있습니다. 하지만 이 수업을 수강하기 위해서는 일정 학점과 점수를 취득해야 합니다. 수업 진도가 빠른 편이며, 대학 수준의 깊이 있는 수업을 진행하기 때문에 수학 실력이 낮은 학생에게는 도움이 되지 않습니다.

Q. 성적별로 분반 수업을 진행하나요?

A. 중국의 국제학교에서도 주요 과목은 분반 수업을 진행했습니다. 한국 국제학교에서는 수학, 과학, 영문학 등을 분반 수업으로 진행하고 있습니다. 이는 학생들을 구분 짓기 위함이 아닙니다. 학생에게 알맞은 최적의 수업을 제공한다는 원칙 아래 반 구성을 합니다. 학생에게 도움되는 수업을 제공해야 학생이 발전할 수 있습니다.

Q. 수학 수업 진도 편성 시, CCSS(Common Core State Standards) 기준에 영향을 받는지, CCSS와 별개로 수업 구성을 한다면, 어떤 방식으로 진행하고 계신지요?

A. 미국은 속한 주별로 교과서나 진도가 다릅니다. 학생이 다른 주로 이사할 경우 생길 수 있는 학업적 공백을 방지하기 위한 제도가 CCSS입니다. 국제학교에서는 굳이 CCSS 기준을 고수할 필요는 없다고 생각합니다. 하지만 모든 범위를 다룰 수 있도록 매 학기 커리큘럼을 구성하고 있습니다.

🎙️ 제주국제학교 교사
인터뷰 3_과학 선생님

Q. 과학 수업 교재와 프로그램이 궁금합니다.

A. 새 학기가 시작하기 전에 커리큘럼 코디네이터, 과학교사 전원이 모여서 교재와 교구를 준비합니다. 학교에 필요한 실습기구가 있을 경우, 사전에 구매 요청을 합니다. 학교는 학생들 수업에 필요한 기구나 과학 장비도 해외에서 직접 구매해주는 등 지원이 훌륭한 편입니다.

국제학교 학생들은 3D프린팅 실습을 하기도 하고, AI 관련 수업을 진행하기도 합니다. 교사들도 새롭게 변화는 과학기술을 학습하기 위해 석사과정 수업을 듣거나 관련 교과목 연수를 다녀오기도 합니다. 해당 학업 지원을 PD(Personal Development)라고 하는데, 전액 학교에서 지원하고 있습니다.

Q. 과학실 등 실습 기구에 대해 설명 부탁드립니다.

A. 제가 근무하는 국제학교에는 중고등학생 과학실이 4개 있으며, 3D 프린팅 실습실, 생활과학 실습을 위한 주방과 후드시설 등이 갖추어져 있습니다. 또한 Making Space라고 해서 학생들이 과학 혹은 기술을 집약한 물건을 만들 수 있는 공간도 마련되어 있습니다. 학생들의 창의성

과 탐구심을 얼마든지 펼칠 수 있는 공간이라고 생각합니다.

Q. AP/IB 과목이 개설되어 있는지 궁금합니다.

A. 과학에 대한 흥미가 높고, 성적이 우수한 학생들이 AP/IB 관련 수업에 참여하고 있습니다. 학생들은 시험에서 대부분 만점을 받고 있으며, 대학 진학에 도움이 되는 연구나 과제를 진행하기도 합니다. 학생들은 Capstone으로 진행하는 연구에 대해 선생님의 의견을 구하기도 하고, 저 역시 주기적인 피드백을 제공합니다. 간혹 해외의 학술 기관이나 대학의 교수에게 자문을 구하여 도움을 주는 경우도 있습니다.

Q. 학생들이 대학 진학에 도움이 되는 프로젝트나 연구를 진행하고 있나요?

A. 해외 대학에서 과학을 전공하고자 하는 학생들이 많습니다. 최근에는 세계적으로 기후변화에 관심이 집중되어 있기도 한데요. 학생들이 기후 변화와 관련된 환경문제에 관심이 많고, 지속가능한 지구를 위한 연구를 팀별로 진행하기도 합니다. 학생들의 대부분은 GPA 성적도 높은 편이고, 대학 수준의 논문을 읽고 토론하며, 진학하고자 하는 대학의 교수와 연구진에게도 프로젝트에 대해 상담 받기도 합니다.

Q. 다른 나라 국제학교 학생들과 한국 학생들의 차이점이 궁금해요.

A. 다른 나라 학생들과 다르게 한국 학생들은 연구나 프로젝트보다는 시험 점수에 더 관심이 많은 것 같습니다. 연구는 대학에 가서 한다는 자세를 가지고 있어서 조금 아쉬운 점이 있습니다. 또한 연구나 프로젝트

도 대학 입시를 위한 용도로만 제한되는 것 같습니다.

Q. 선생님 입장에서 한국 제주국제학교에서 근무하는 장점이 궁금합니다.

A. 학생들이 진지하게 학업에 임하는 자세가 매우 훌륭하다고 생각합니다. 학업에 적극적이며, 학부모와 학교 모두 학생의 발전을 위해 지원을 아끼지 않습니다. 담당 교사로서 학생을 지도하는 데 많은 도움을 받고 있습니다.

Q. 대학 진학 시, 공학이나 순수 과학을 전공으로 지원한 학생들이 많이 있나요?

A. 학생과 상담하다 보면, 컴퓨터나 화학 혹은 생물학을 전공하고 싶다고 합니다. 그런데 성적이 좋은 학생일수록 미국의 의대나 약대를 선호하는 경향이 있습니다. 의대를 가지 못하게 되었을 경우 차선으로 과학을 선택하는 경우가 많은 것 같습니다.

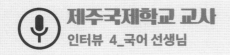

제주국제학교 교사
인터뷰 4_국어 선생님

Q. 국제학교 학생들의 국어 수업 참여도가 궁금합니다.

A. 국제학교의 학생들은 거의 전원이 해외 대학을 준비하고 있습니다. 그렇기에 국어 수업에 대한 중요도가 상대적으로 낮을 거라고 생각합니다. 하지만 모국어의 중요성은 아무리 강조해도 지나치지 않습니다. 향후 한국에 돌아와서 커리어를 이어갈 수도 있습니다. 국어 수업이 한국에서 고등학교 학력을 인증 받기 위한 수업은 아니라고 생각합니다.

Q. 일반학교와 비교할 때, 수업 내용의 차이가 있는지 궁금합니다.

A. 제가 한국 중고등학교에서 국어 수업을 할 경우에는 정해진 교과서 수업 외에도 수능 대비를 위한 언어영역 수업도 함께 진행했습니다. 그러나 국제학교에서는 수능을 보는 학생이 한두 명 정도이기 때문에 수능 대비 수업은 없습니다. 교과서는 한국 교과과정에 속하는 검정교과서를 사용합니다.

Q. 한국대학에 진학하고 싶은 학생들이 국어 수업을 열심히 들을 것 같습니다. 국어 수업의 난이도가 궁금합니다.

A. 국제학교에서는 학생별로 모국어 수준이 상당히 다를 수 있습니다. 이중국적자, 교포이거나 해외 거주 기간이 긴 학생들은 대부분 국어를 어려워합니다. 한국에서만 학창 시절을 보낸 학생들과는 수준 차이가 나는 것이 현실입니다. 수업은 국어 교과서 위주로 진행하고, 모국어에 대한 이해도가 낮은 학생에게는 수준에 맞는 책을 추천하고 있습니다.

Q. 국제학교에서 국어 교사의 역할이 무엇인가요?

A. 국제학교의 학생들은 전 학년에 걸쳐서 국어와 사회 수업을 반드시 수강해야 합니다. 이는 학교 졸업을 위한 필수 조건이기 때문에 저는 학생들이 국어를 올바르게 이해하고, 사용할 수 있도록 돕고 있습니다. 난이도 높은 문학작품이나 고전에 대한 수업은 사실상 깊이 들어가기에는 한계가 있기도 합니다. 하지만 언어는 문화와 절대 분리될 수 없다고 생각하기에 학생들이 한국인으로서 갖춰야 할 문화적 소양에 대해 국어 수업을 통해 학습시키려고 노력합니다.

Q. 선생님 입장에서 제주국제학교에서 근무하는 장점이 궁금합니다.

A. 학생들이 입시만을 위해 문제 푸는 데만 집중하지 않아서 좀 더 즐겁게 수업을 할 수 있는 것 같습니다. 학생들이 자신의 생각에 대해 토론하고, 점차 성장하는 걸 보면서 교사로서 희열을 느끼기도 합니다. 물론 국제학교 학생들도 해외 대학 입시준비 등으로 무척 열심히 공부합니다. 하지만 공부의 방향이 단지 문제를 더 맞히기 위함이 아니라서 교사도 학생도 적극적이고 활기차게 수업에 참여할 수 있습니다.

제주국제학교 교사

인터뷰 5_Art 선생님

Q. 학교에서 진행하는 수업의 구성이나 과목이 궁금합니다.

A. 학교에서는 음악, 미술, 무용, 연극, 디지털 예술, 사진, 드라마, 조각 등 다양한 수업을 구성하고 있습니다. 예술 전공을 원하는 학생들의 경우 초등학교 때부터 꾸준히 매진한 경우도 많습니다. 저희 학교에는 영화를 만들어본 경험이 있는 교사도 있고, 음악가나 드라마 작가, 마술사 (Magician) 등 훌륭한 교사진이 많습니다. 교사들도 학생들과 함께 작품을 만들어가는 기쁨이 큽니다. 학생들은 매년 2~3차례, 예술 축제(Art Festival)를 열기도 합니다. 학교는 소품이나 의상 등 모든 재료를 전폭적으로 지원하고 있습니다.

Q. 학생들이 만든 작품이 궁금합니다.

A. 학교의 모든 벽면과 잔디, 식당 등 건물 전체가 학생들 작품으로 장식됩니다. 초등학생부터 고등학생까지 전 학년이 연극에 참여하고 있으며, 학생들이 만든 회화나 조각 작품들도 상당히 예술적입니다. 학생 작품 중 일부는 대회에서 수상을 하기도 했습니다. 일부 학생들은 음악 밴드를 만들어 공연을 하기도 합니다.

Q. 선생님이 지도하는 방법이 궁금합니다.

A. 예술은 따로 스승이 없다고 생각합니다. 저 역시 학생에게 배우고, 영감을 얻는 경우가 많습니다. 학생과 교사 모두 상대의 예술가 정신을 존중하며 상생하고 있습니다. 저는 항상 학생의 도전을 믿고 응원합니다. 교사로서 저의 역할은 학생이 창의력을 더욱 발휘할 수 있도록 여러 작품을 추천하거나 함께 토론하는 시간을 가지는 것입니다.

Q. 학생들의 입시 결과가 궁금합니다.

A. 제가 근무하는 학교의 학생들은 예술적으로 뛰어난 인재가 많았습니다. 제가 지도한 학생 중 일부는 버클리 음대에 진학하거나 줄리어드 음악대학에 합격하였습니다. 공간 예술을 하는 학생도 있었고, 미디어 아트를 전공으로 진학한 학생도 있었습니다. 지도한 학생들의 입시 결과도 좋았지만, 저는 학생들의 예술혼을 유지하는 데 더 관심이 많습니다.

Q. 선생님이 생각하는 학교의 장점이 궁금합니다.

A. 제가 근무하는 학교에는 온갖 종류의 악기가 있습니다. 물론 아주 좋은 악기는 학생이 개별적으로 구입하지만, 연습용 악기는 학교에서 모두 대여해주고 있습니다. 또한 연극이나 예술제를 하는 경우, 모든 연극 장비부터 의상, 소품을 학교에서 전부 지원해주고 있습니다. 학생들이 마음껏 재능을 펼칠 수 있도록 하는 학교의 기본 방침이 좋다고 생각합니다.

제주국제학교 교사
인터뷰 6_기숙사 사감

Q. 기숙사 사감으로서 역할이 궁금합니다.

A. 학생들의 안전과 건강을 책임지고, 하루 일과를 챙기는 일이 가장 기본입니다. 기상과 취침 시간을 확인하고, 식사를 거르지 않는지, 건강에 이상은 없는지, 교우관계는 괜찮은지, 정신적으로 힘들어하는 부분은 없는지 등 챙겨야 할 일이 산더미입니다.

학생들에게 기숙사는 집과 같은 곳이라서 최대한 쾌적하고 안락하게 지낼 수 있도록 신경 쓰고 있습니다. 학생들의 외출과 귀가를 챙겨야 하고, 방학이나 명절 같은 연휴에는 공항에 학생들을 데려다주어야 합니다. 주말에는 학생들과 함께 다양한 액티비티 활동도 참여합니다. 정서적으로 예민한 시기인 중학생들의 안전과 교우 관계 등도 주의깊게 살피고 있습니다.

Q. 기숙사에서 자주 일어나는 사건이나 사고가 있는지, 해결책은 무엇인지요?

A. 중학생부터 기숙을 하고 있기 때문에 작은 사건들이 발생하고는 합니다. 친구를 놀리려고 방에 들어가 물건을 숨겨둔다든지, 세탁물을 없애버린다든지….

학생들 사이에 불화가 발생하면 최대한 객관적인 자세를 유지하려고 합니다. 모든 학생과 상담을 진행하고, 담당 기숙사 사감 선생님과 사실 관계 유무를 확인합니다. 필요하면 기숙사 내 CCTV도 참고합니다. 학생의 고의성이 강하고 반성하지 않는 경우는, 담임 및 교장 선생님과 회의를 열어 정학 결정을 내리기도 합니다.

학생이 개인적인 문제로 힘들어하는 경우에는 한국말이 가능한 선생님이 상담을 하고, 필요하면 전문가의 도움을 받도록 하고 있습니다.

Q. 기숙사 사감으로 일하면서 가장 힘들었던 일이 궁금합니다.

A. 학생들은 서로 다투기도 하고, 다시 친해지기도 하며 성장합니다. 한 번은 두 명의 남학생이 심하게 다투고, 일주일 정도 뒤에 화해하고 잘 지내고 있었습니다. 그런데 학생들의 학부모님이 화가 나서 각자 변호사를 고용해 거의 반년 동안 다투었습니다. 학교는 중간에 끼어서 관련 회의를 매주 진행하고, 진행 사항을 변호인과 경찰에게 협조해야 하기도 했습니다. 정작 다툰 학생들은 너무 잘 지내고 있었는데, 학부모들 사이에서 법적으로 분쟁이 번지는 것을 보면서 업무에 회의감이 들기도 했습니다.

Q. 학생들과 소통하는 방법이 궁금합니다.

A. 학생들에게 기숙사감은 부모님 혹은 형제자매 같은 존재여야 한다고 생각합니다. 그래서 저는 최대한 학생들이 편안하고 솔직하게 이야기할 수 있도록 학생들과 친하게 지내려고 합니다. 국제학교에서 사감 교사

를 비교적 젊은 나이의 교사로 채용하는 이유도 이 중 하나일 거라 생각합니다. 기숙 학생들이 부모님에게 하고 싶지 않은 이야기도, 저에게는 할 수 있었으면 좋겠다는 심정으로 학생들과 함께하고 있습니다.

Q. 기숙 학생들이 가장 힘들어하는 일은 무엇인가요?

A. 기숙사에서 고등학생들은 학업과 입시로 매우 바쁘기도 하고, 1인 1실을 사용하여 안정적으로 잘 지내고 있습니다. 그런데 중학생의 경우 힘들어하는 사례들이 종종 있습니다. 아직 어리기도 하고, 정서적으로 친구에게 의지하는 경우가 많은 것 같습니다. 교우 관계가 미치는 영향이 크다 보니 작은 다툼이나 서운함에도 학교 생활이 무너져버리는 경우들이 있습니다. 별일 아니라고, 어른의 시선으로 넘길 수는 없습니다. 저는 학생의 눈높이에서 이야기를 들어주고, 학생과 함께 많은 시간 대화를 하거나 산책을 나가기도 합니다. 친구 관계가 힘들어지면, 건강도 학업도 모두 망가져 버리기도 합니다. 기숙학생들에게는 함께 지내는 친구가 가족인 것 같습니다.

Q. 제주국제학교에서 근무하는 장점이 궁금합니다.

A. 저에게도 학생들에게도 제주의 자연이 가장 큰 선물이 아닐까 생각합니다. 매일같이 신선한 공기와 파란 하늘, 새소리를 들으며 아침을 맞이하는 환경은 정말 자연의 선물 같습니다. 학교 주변에 유해시설이나 오락시설 등 학생들이 일탈할 곳이 전혀 없다는 점도 장점입니다. 학생들은 몸을 움직이는 운동을 통해 스트레스를 해소하고, 게임이나 인터

넷에 중독되는 일도 없습니다.

Q. 다른 나라 국제학교의 기숙 학생들과 한국학생들의 차이점이 궁금해요.

A. 다른 나라 학생들에 비해 한국 학생들은 학업에 무척 열심인 것 같습니다. 순수하고 자신의 삶에 진지한 태도를 가지고 있습니다. 진로에 대한 고민도 매우 적극적이고 열정적이라고 느껴집니다.

Q. 학생들이 도서관을 얼마나 자주 이용하는지, 어떤 책이나 자료를 주로 이용하는지 궁금합니다.

A. 유치부와 초등학생들은 모두 일주일에 한 번씩 무조건 도서관에 와서 책을 빌리는 시간을 가지고 있습니다. 따라서 모든 학생이 매주 한 번씩 도서관에서 진행하는 독서 수업에 참여하고 있습니다.

Q. 도서관에서 진행하는 수업이나 프로그램이 따로 있는지 궁금합니다.

A. 도서관에서는 유치부를 대상으로 매주 사서교사가 동화책을 읽어주는 스토리타임을 가지고 있습니다. 초등학생들은 필요에 따라 정보 탐색 관련 수업을 받고 있습니다. 특히 초등학교 고학년의 경우 학급 담임 선생님과 연계하여 수업을 진행합니다. 인터넷 정보 검색이나 필요한 정보 찾기 관련 수업도 진행하고 있습니다.

Q. 도서관 수업에서 가장 중요하게 여기는 철학 혹은 가치관이 궁금합니다.

A. 가장 중점을 두는 가치는 학생들이 책 읽기를 즐거워하고 독서를 습관처럼 늘 가까이할 수 있도록 이끌어주는 겁니다. 또한 초등 고학년의

경우, 책 외에 온라인에서 다양한 정보를 찾을 수 있도록 학습에 도움을 주고 있습니다.

Q. 수업을 잘 따라오지 못하거나 어려움을 겪는 학생을 위한 도서관 자체 프로그램이 있는지, 있다면 어떤 방식으로 도움을 주는지 궁금합니다.

A. 해당 학생들을 위한 도서관 자체 프로그램이 따로 있지는 않습니다. 다만 담임 선생님과 상의해서 학생 레벨에 맞는 쉬운 책을 추천해주고 있습니다. 학생의 독서수준(Reading Level) 또는 언어 학습이 늦은 경우, 학년마다 있는 Learning Support teacher 또는 EAL teacher가 도움을 주고 있습니다.

Q. 국제학교 도서관에서 근무하면서 다른 학교와 비교할 때 장점은 무엇인가요?

A. 국내 일반 국공립 초등학교와 비교했을 때, 도서관의의 보유 장서 수가 방대하며, 도서관 활용이 시스템화되어 있다는 것입니다. 학교는 연간 새로운 도서 구입비용으로 1억 이상 사용하고 있으며, 도서관 시스템 유지관리 비용으로 매년 5천만 원 이상의 예산을 사용합니다.

Q. 학생들과 소통 채널이 따로 있는지 궁금합니다.

A. 매주 도서관 방문 및 쉬는 시간(recess time)에 학생들과 도서관에서 직접 소통을 하고 있습니다.

Q. 학생들이 도서관에서 늦게까지 학업을 하는 경우도 있나요?

A. 초등 도서관은 학교 수업이 종료된 이후에는 학생들만 남아 있을 수 없습니다. 수업 종료 후, 도서관에서 책읽기를 원할 경우 학부모가 동행해야만 합니다. 학부모는 자녀와 함께 도서관을 이용할 수 있으며, 이용 시간은 15~17시입니다.

Q. 주로 어떤 책을 구매하는지, 도서 목록 구성의 기준은 무엇인지 궁금합니다.

A. 영어 도서의 경우, 미국의 도서관 및 도서 공급 전문 업체를 통해서 신간 위주로 구입하고 있습니다. 각종 수상작 도서들을 포함하여 교사진들로부터 요청받은 도서들을 주문하고 있습니다. 한글 도서의 경우는 신간 위주로, 교육적인 내용을 담고 있는 도서들과 함께 픽션과 논픽션을 골고루 구매합니다. 또한 학생들의 책 읽기 장려를 위해 재미 위주의 도서들을 구입하기도 합니다.

Q. 도서관도 CCSS 기준에 영향을 받는지, CCSS와 별개로 수업 구성을 하신다면, 어떤 방식으로 진행하고 계신지 궁금합니다.

A. 도서관 수업은 저학년은 스토리 타임, 고학년은 정보 검색 위주로 진행되고 있어서 CCSS 기준과는 상관없는 것 같습니다.

제주국제학교 교사
인터뷰 8_중등사서 선생님

Q. 학생들이 도서관을 얼마나 자주 이용하는지, 어떤 책이나 자료를 주로 이용하는지 궁금합니다.

A. 하루 평균 200명 정도의 학생이 도서관을 이용하고 있습니다. 중고등 학생들은 주로 소설이나 논픽션 또는 만화를 보고 있습니다.

Q. 도서관에서 진행하는 수업이나 프로그램이 따로 있는지 궁금합니다.

A. 도서관에서는 방과 후 프로그램인 ASA(After School Activity)를 진행하고 있습니다. 올해는 Food Art Technology 주제로 수업을 진행했습니다. 학생들이 각자 관심 있는 나라의 음식 문화에 대해 소개하고 관련 책과 영상을 보여주며 프레젠테이션을 진행했습니다. 학생들이 직접 요리해온 음식으로 Potluck Party 행사(참가자들이 자신이 직접 만든 음식이나 음료를 가지고 와서 함께 즐기는 미국식 파티 문화)도 진행했습니다.

Q. 도서관 수업에서 가장 중요하게 여기는 철학 혹은 가치관이 궁금합니다.

A. "도서관은 항상 모든 학생을 위해서 열려 있다(Books are for all.)"가 저희의 모토입니다.

Q. 수업을 잘 따라오지 못하거나 어려움을 겪는 학생을 위한 도서관 자체 프로그램이 있는지, 있다면 어떤 방식으로 도움을 주는지 궁금합니다.

A. 도서관은 다른 부서 혹은 담당 교사와 협력하여 EAL 프로그램에서 필요한 도움을 주거나 학생들이 필요한 책을 찾는 방법이나 이용법을 안내해주고 있습니다.

Q. 국제학교 도서관에서 근무하면서 다른 학교와 비교할 때 장점은 무엇인가요?

A. 다른 도서관과 달리 학생들의 공간 사용 빈도가 높습니다. 무엇보다 도서관의 모든 공간이 넓고 무척 아름답습니다.

Q. 학생들과 소통 채널이 따로 있는지 궁금합니다.

A. 학생들이 말로 전달하기 어려운 고민을 위해, 이메일 상담을 지원하고 있습니다.

Q. 학생들이 한국의 일반학교처럼 도서관에서 늦게까지 학업을 하는 경우도 있나요?

A. 기숙사 학생을 위한 이브닝 스터디를 운영하고 있고, 스터디 홀에서는 고등학생들이 수업 없는 시간에 학습하고 있습니다.

Q. 주로 어떤 책을 구매하는지, 도서 목록 구성의 기준은 무엇인지 궁금합니다.

A. 도서관은 Mackin(연령에 적합한 자료를 선별해 온라인 자료, 교육 비디오, 도서 등을 공급하는 업체, mackin.com) 동향을 파악하고, 학교의 커리큘럼, 선생님 교수 스타일(Teaching) 혹은 요청(Request)을 반영하여 구입합니다. 연간 책 구입 비용으로 2억 이상의 예산을 사용하고 있습니다.

제주국제학교 재학생
인터뷰 1

Q. 국제학교에서 자신의 능력과 역량을 어떻게 개발하고 있나요?

A. 저는 국제학교 커뮤니티의 일원으로서 항상 제가 다니는 학교와 제 자신의 역량에 큰 자신감을 가지고 있습니다. 또한 저는 학교의 이념에 공감하며, 공동체의 일원인 것에 강한 자부심을 느낍니다. 이런 자부심을 기반으로, 저는 항상 내가 누구이며, 내가 나 자신과 공동체를 위해 무엇을 할 수 있는지에 대한 고민을 꾸준히 하며 모든 일에 최선을 다하고 있습니다. 자연적스럽게 제가 하는 학업에 동기부여를 받고 있으며, 제 자신의 행복과 더불어 진로에 대해 적극적으로 탐구합니다.

Q. 학생의 역량 개발을 위한 과정에서 누군가의 영향력을 받은 계기가 있나요?

A. 무엇을 하든 가족들의 따뜻한 관심과 신뢰를 받고 있다고 생각합니다. 제 자부심과 자신감의 근원은 가족입니다. 저는 자유롭고 행복하게 제가 원하는 것을 어디에서든 표현할 수 있는 학생으로 성장하고 있습니다. 제 자신의 자존감과 행복감은 제가 학업에 최선을 다할 수 있도록 해주는 것 같습니다.

Q. 학생이 생각하는 학교의 특성은 무엇인가요?

A. 제 자신이 바로 학교의 특성이라고 생각합니다. 특성은 모든 학생이 지닌 개별적인 고유의 색이며, 우리 학교를 다른 학교와 구분해주는 것이 아닐까 합니다. 제가 다니는 학교의 학생들은 각자 자신을 개발하고 공동체의 발전에 관심이 많습니다. 저 역시 학교 공동체의 구성원으로서, 저만의 색을 찾고 자연스럽게 융화될 수 있도록 노력합니다.

Q. 학교 생활에서 가장 중요한 한 가지를 꼽는다면?

A. 저는 가장 중요한 가치는 자신감, 우정, 바람직한 사람이라고 생각합니다. 학교는 제가 외향적이고 자신감이 있는 사람으로 자랄 수 있도록 도와주었습니다. 미국에서 중학교까지 다니고 제주국제학교로 전학 와서 따뜻한 친구들을 많이 사귈 수 있었고 심리적 안정을 얻게 되었습니다. 학교는 저의 몸과 마음을 치유해준 고마운 곳입니다.

Q. 국제학교에서 자신의 능력과 역량을 어떻게 개발하고 있나요?

A. 제가 다니는 학교의 구성원이라는 자부심은 제가 학업을 더 열심히 하도록 해주는 동기의 원천입니다. 제가 다니는 국제학교에는 매우 재능 있고 열심히 공부하며, 다른 사람을 도와주는 친구들이 많습니다. 저 역시 이러한 분위기에 자극을 받아 더 좋은 사람이 될 수 있도록 노력하게 됩니다.

Q. 학생의 역량 개발을 위한 과정에서 누군가의 영향력을 받은 계기가 있나요?

A. 저는 학교 도서관에서 읽은 책과 영화에서 많은 영향을 받았습니다. 예를 들면, 〈죽은 시인의 사회(Dead Poet's Society)〉를 보고 제 자신이 진정으로 원하는 진로와 행복에 대해 고민할 수 있는 계기가 되었습니다. 학교에서의 시간과 공간은 저의 역량을 개발하고 개인적으로 어려운 시간을 이겨낼 수 있는 힘의 원천이 되었습니다. 도서관의 책과 영화들은 제가 열심히 공부할 수 있도록 동기부여를 해줄 뿐만 아니라 다른 친구들의 어려움과 고민에 공감하는 마음도 키워주었습니다.

Q. 학생이 생각하는 학교의 특성은 무엇인가요?

A. 제가 다니는 학교는 학생 한 명, 한 명을 소중히 여기며 자신을 독창적이고 고유한 존재로 여길 수 있도록 합니다. 이러한 정신은 제 자신이 존중받는다는 기분이 들게 해주며, 무엇이든 잘할 수 있다는 자신감의 원천이 됩니다.

Q. 학교 생활에서 가장 중요한 한 가지를 꼽는다면?

A. 저는 리더십과 다른 친구들을 지지하는 법을 배우게 된 것입니다. 저의 의견을 어떻게 표현하는지 배우고, 다른 사람의 의견을 존중하고 경청하는 방법에 대해 알게 되었습니다. 저는 친구들과 협동하는 법을 자연스레 익히게 되었고, 다른 사람의 입장을 이해하려고 노력하는 사람으로 변모하였습니다. 비록 상대방 의견이 마음에 들지 않더라도 상대를 배려하고 존중할 수 있게 되었습니다.

🎙 제주국제학교 재학생
인터뷰 3

Q. 국제학교에서 자신의 능력과 역량을 어떻게 개발하고 있나요?

A. 제가 국제학교에 진학한 이후로, 학교는 제가 꾸준히 기회를 찾을 수 있도록 도와주었습니다. 저는 스스로 만족할 때까지 최선을 다해서 연습할 수 있게 되었습니다. 학교는 저에게 절대적인 기준을 제시한 적이 한 번도 없으며 강요한 적도 없습니다. 자율성을 존중해주고, 칭찬을 아끼지 않는 학교 분위기에 성격도 밝아지고 모든 일에 최선을 다하는 학생으로 성장하고 있다고 느껴집니다.

Q. 학생의 역량 개발을 위한 과정에서, 누군가의 영향력을 받은 계기가 있나요?

A. 저는 사람들 앞에 서는 것을 좋아하지 않았습니다. 그러나 국제학교로 전학한 이후 무대를 좋아하는 학생으로 변하였습니다. 제가 원하는 방식으로 표현할 수 있도록 지켜봐주고 기다려주는 선생님들로부터 편안함을 느꼈습니다. 모두가 다 뛰어나고 기발한 재능을 가지고 있을 필요는 없으며, 각자 자신의 모습을 솔직하게 드러내도 괜찮다는 분위기가 너무 좋았습니다.

242   **부록** | 제주국제학교 사람들, 현장의 목소리

Q. 학생이 생각하는 학교의 특성은 무엇인가요?

A. 학교는 학생 개개인에게 다양한 기회를 주고 성향에 맞는 특성을 발전시킬 수 있도록 도와줍니다. 선생님들이 세세하게 관여하기보다는, 다양한 커리큘럼을 통해서 학생들이 자신을 발견할 수 있도록 해줍니다. 저는 예술제(Art Festival), 합창대회, 연극제 등을 통해서 저를 표현할 수 있는 법을 자연스럽게 배울 수 있었습니다.

Q. 학교 생활에서 가장 중요한 한 가지를 꼽는다면?

A. 저는 학교에서 친구들과 공통된 비전을 공유하고 각자의 재능을 인정하는 자세를 가지게 되었습니다. 학교의 공동체는 학생을 따뜻하게 안아주며, 학교를 집처럼 느끼게 합니다. 저 역시 친구를 이해관계를 따져가며 만남을 가지지 않으며, 선입견을 가지고 상대방을 대하지 않게 되었습니다.

제주국제학교 재학생

인터뷰 4

Q. 국제학교에서 자신의 능력과 역량을 어떻게 개발하고 있나요?

A. 저는 학교에서 새로 배운 내용을 하루하루를 소중히 여기며 제 자신의 특성으로 발전시키고자 했습니다. 저는 학교를 신뢰하였고, 특히 미술 수업 시간에 적극적으로 제 자신을 새로이 발견하고, 발전시킬 수 있었습니다. 저는 다른 과목보다는 특히 미술 수업에 매료되었습니다. 학교는 제가 작품에 몰입할 수 있도록 해주었고, 제가 표현하고자 하는 것을 미술로 어떻게 표현할 수 있는가에 대해 배울 수 있는 기회를 주었습니다. 저는 저만의 개성을 미술 작품에 담았으며 저의 마음, 감정, 세계관 등의 생각을 미술을 통해 다양한 방법으로 표현하였습니다.

Q. 학생의 역량 개발을 위한 과정에서 누군가의 영향력을 받은 계기가 있나요?

A. 제가 살고 있는 제주의 아침 풍경과 사람들이 저에게 많은 영향을 주었습니다. 학교에서 만나는 친구들과 선생님과의 상호작용을 통해서 새로운 가치를 배울 수 있었습니다. 또한 제주의 깨끗한 하늘과 자연은 제가 더 좋은 사람으로 성장할 수 있는 원천이었습니다.

244

부록 | 제주국제학교 사람들, 현장의 목소리

Q. 학생이 생각하는 학교의 특성은 무엇인가요?

A. 학교의 정신은 제가 긍정적이고 다양한 가치를 추구할 수 있는 사람으로 성장할 수 있도록 해주었습니다. 학교 덕분에 개인적으로 어려운 시간을 극복하고 인내심을 가질 수 있었습니다. 학교의 철학은 제가 사고하는 방식, 살아가는 삶의 방향, 믿음뿐 아니라 예술가적 감성에 전반적으로 영향을 주었다고 생각합니다.

제주국제학교 재학생
인터뷰 5

Q. 국제학교 수업 중 호기심을 느낀 수업이 있었나요?

A. 저는 모든 배움은 호기심에서 시작한다고 생각합니다. 제가 학교에서 지식을 탐구하고 배움에 대한 흥미를 느끼게 된 것은 학교의 교육철학 덕분이었습니다. 학교 선생님들은 제가 비판적으로 사고하는 능력을 기를 수 있도록 도와주었으며, 더 나아가 제 자신에게 도전하는 법을 배울 수 있도록 해주었습니다.

Q. 학교 프로그램 중에서 학생이 호기심을 느낀 수업은 어떤 것인가요?

A. 고등학교 캡스톤(Capstone) 과정에 참여하면서, 저는 호기심을 개발하고 발전시키는 방법을 배웠습니다. 프로젝트를 준비하면서 문제 해결 능력과 통합된 사고력을 키울 수 있었고, 사회적 이슈와 공동체에 관심을 기울이게 되었습니다. 프로젝트를 진행하는 모든 단계의 한걸음 한걸음이 제가 호기심을 잃지 않도록 해주었습니다.

Q. 미래를 설계하는 데 학교 프로그램이 어떤 도움을 주었나요?

A. 저는 생물학과 농업에 관심이 많다는 것을 알게 되었습니다. 학생으로서 학문적인 호기심이 전부가 아니었습니다. 학교 프로그램에 적극적으로 참여하면서 생물학과 농업에 종사하는 분들과 만나서 대화할 수 있는 기회도 있었습니다. 진로를 적극적으로 탐구하고 원하는 미래의 모습을 그릴 수 있는 시간이었습니다. 제주국제학교가 아니었다면 몰랐을 소중한 자산입니다.

Q. 학교에서의 경험이 자신의 삶에 어떤 영향을 미쳤나요?

A. 다양한 프로젝트에 참여하면서 제가 환경문제에 관심이 많다는 것을 깨닫게 되었습니다. 저는 환경 관련 기사와 저널을 읽고 새로운 지식을 탐구하며, 향후 대학의 전공 선택에 대한 확신도 가지게 되었습니다.

🎤 제주국제학교 학부모
인터뷰 1

Q. 제주 국제학교를 선택하게 된 특별한 이유가 있으신가요?

A. 저는 입시 위주의 한국식 교육과 공교육에 대한 만족도가 높지 않았습니다. 저 역시 학창시절이 즐겁지 않았던 것 같습니다. 그래서 제 아이는 좀 더 창의적이고 자유롭게 성장할 수 있도록 해주고 싶었습니다. 더불어 영어와 한국어 모두 잘 사용하면 좋겠다는 생각도 들었습니다. 두 가지 언어를 편하게 사용하면 다양한 정보를 접하고 새로운 기회를 얻을 수 있는 가능성이 높아질 것 같았습니다.

Q. 자녀의 제주국제학교 생활과 학업에 만족 하시는지요?

A. 전반적으로 저는 매우 만족합니다. 아이가 스트레스 없이 영어와 한국어 모두 잘 사용할 수 있게 되었습니다. 초등학교 1학년에 입학해서 현재 5학년에 재학 중인데, 영어 사용을 강요하거나 따로 사교육을 시키지 않았음에도 생활 속에서 영어를 사용하면서 유창하게 이야기합니다. 비교적 쉬운 단어를 사용해도 본인의 의사표현을 하는 데 지장이 없는 것 같습니다. 원어민 수준의 유창한 영어를 구사하지는 못하지만, 저는 모국어도 매우 중요하다고 생각하기 때문에 영어와 한글을 자유롭게

사용하는 것만으로도 학비가 아깝지 않습니다. 어학연수나 영어 과외 비용과 비교해보아도 성과와 비용 면에서 모두 만족스럽습니다. 부모의 기대 수준이 너무 높은 것일 뿐, 자녀의 영어 실력은 확실히 느는 것 같습니다.

Q. 자녀가 다니는 국제학교의 교사진이나 학업 프로그램에 대해 한 말씀 부탁드립니다.

A. 학교 프로그램이 매우 훌륭하다고 생각합니다. 아이가 프로젝트 기반의 에세이를 준비하거나 발표 수업을 하는 것을 보면 부럽다는 생각마저 듭니다. 다시 학생으로 돌아가서 이런 교육을 받고 싶습니다. 원어민 선생님들은 엄격하면서도 자유로운 사고 방식을 가지고 계신 것 같습니다. 아이들이 자신만의 새로운 생각과 해석을 할 수 있도록 도와주고 창의력을 개발할 수 있도록 하는 교육 방식도 좋습니다. 수업 시간에 아이들이 그룹으로 모여 자연스럽게 토론하고 서로의 생각을 발전시켜 나가는 점에서, 학교에 후한 점수를 주고 싶습니다. 아이가 방학이나 주말을 싫어하고 학교에 가고 싶다고 이야기하는 걸 보면 정말 잘 선택했구나 하는 확신이 들고는 합니다.

Q. 제주 생활의 장점에 대해 이야기 부탁드립니다.

A. 아무래도 가장 큰 장점은 깨끗한 자연환경입니다. 아침에 새소리가 들리고 파란 하늘과 맑은 공기가 있습니다. 무엇보다 교육환경이 너무 좋습니다. 제주국제학교에는 현지인도 적고, 자녀교육을 위해 형성된

마을 공동체라고 할 수 있습니다. 그래서인지 동네가 항상 조용하고 안전합니다.

Q. 제주 생활의 단점은 어떤 점이 있을까요?

A. 관광지로 개발된 곳이라서 생활이 불편한 것이 사실입니다. 특히, 도시의 생활이 익숙한 학부모들은 힘들어하는 경우도 있습니다. 자녀는 제주의 학교 생활에 만족도가 매우 높은 반면 학부모는 제주 생활을 견디지 못하기도 합니다. 그래서 자녀가 중학생이 되면 기숙사에 보내고 학부모는 도시로 돌아가는 경우도 많습니다. 제주에는 백화점 하나 없고 큰 쇼핑몰도 없습니다. 극장도 시설이 좀 낙후된 곳이 있는데 그마저도 영어교육도시에서는 40분 이상 소요됩니다.

Q. 제주국제학교 학부모님들의 성향이나 관계에 대해 궁금합니다.

A. 드라마의 영향 때문인지 학부모 모임이나 커뮤니티 등에 대해 걱정하는 분들이 있는 것 같습니다. 하지만 드라마는 드라마일 뿐, 어느 학부모 모임에나 있을 법한 일들은 일어나고 제주도 영어교육도시도 마찬가지라고 생각됩니다. 물론 부자나 연예인도 많지만, 자녀를 좋은 환경에서 키우고 싶고 교육에 관심이 많다는 공통점이 있습니다. 학부모의 대부분은 기본적인 매너와 교양이 있는 편이라고 생각합니다. 물론 무리지어 다니며 말 만드는 사람은 어디나 있을 것입니다.

Q. 자녀의 진로나 학업에 대한 향후 계획이 궁금합니다.

A. 저희 아이는 아직 초등학생이라 본인이 더 원하는 걸 찾을 수 있도록 지켜보면서 도움을 주고 싶습니다. 어느 대학을 가야 한다거나 어떤 전공을 해야 한다거나 하는 당위성을 주고 싶지 않습니다. 다만, 해외 대학으로 진학해서 문화적 다양성에 대해 배우고, 새로운 기회를 창조할 수 있는 사람으로 성장하기를 기대합니다.

Q. 개인적인 삶에 대한 만족도는 어떤가요?

A. 저는 도시 생활을 그리 좋아하는 편이 아니라서 제주 생활에 만족합니다. 한 달에 한 번 정도 서울에 가서 쇼핑하거나 기분 전환을 합니다. 가까운 거리에서 바다와 숲을 느낄 수 있다는 것이 삶의 축복처럼 느껴집니다. 아이도 건강하고 밝게 크고 있어서 전반적으로 만족하며 지내고 있습니다.

🎤 제주국제학교 학부모
인터뷰 2

Q. 제주국제학교를 선택하게 된 특별한 이유가 있으실까요?

A. 서울의 국제학교들은 인가받지 못한 학교들이 대부분이었습니다. 학교 시설이나 부지도 학원 느낌이어서 불안했습니다. 유일하게 국내 학력을 인증받을 수 있고, 내국인 입학 자격 제한도 없는 곳이 제주의 국제학교들이었습니다. 학교 시설도 훌륭하고, 제주라기보다는 외국 같다는 느낌이었습니다. 최근에 대학 입시 결과도 훌륭해서 믿음도 갑니다. 무엇보다 국토부 산하 기관에서 운영한다니 학교가 재정적 위험으로 도산할 가능성도 없을 것 같습니다.

Q. 자녀의 제주국제학교 생활과 학업에 만족하시는지요?

A. 우리 아이는 한국식 교육에서 그리 좋은 성적을 받지 못했습니다. 항상 다른 아이들에게 치이는 느낌이 들기도 했습니다. 한국의 공부는 조금 악착스럽게 해야 하는 거 같은데, 우리 아이는 그런 성향이 아니라서 항상 걱정이 되었습니다. 중학교 진학 후에는 더욱 더 걱정이 되어, 제주국제학교로 진학하게 되었습니다.

국제학교 선생님들은 아이가 잘하는 부분을 발견하고 집중할 수 있도록 해주었습니다. 수업시간에 프로젝트 과제를 칭찬해주고, 아이의 잠재력을 더욱 발전시킬 수 있도록 격려해주었습니다. 우리 아이는 외국인 친구들과 사귀면서, 점차 학업의 즐거움도 알아가는 것 같아서 다행이라는 생각이 들었습니다. 비교적 늦은 중학교 때 국제학교로 진학시켜서 걱정을 많이 했는데, 생각보다 학교에 적응도 잘하고 학교도 다양한 지원을 해주고 있어서 매우 만족합니다.

Q. 자녀가 다니는 국제학교의 교사진이나 학업 프로그램에 대해 한 말씀 부탁드립니다.

A. 학교의 프로그램은 창의력을 요구하는 과제가 대부분입니다. 에세이는 주제를 파악하고, 새로운 글을 써서 제출해야 합니다. 포스터 제작이나 만화책 만들기 등 다양한 과제들이 주어지는 것 같습니다. 방과 후 활동도 적극적으로 참여해야 하는데 오케스트라 활동이나 탁구 등 흥미를 느끼며 오래 할 수 있는 활동으로 구성이 되어 있습니다. 3D프린터로 작품을 제작하기도 하고 로봇 제작을 위한 부품까지 학교에 구비되어 있다고 하니 저도 많이 궁금합니다.

Q. 제주 생활의 장점에 대해 이야기 부탁드립니다.

A. 제주에서는 사교육에 대한 스트레스 없이 아이를 키울 수 있다는 점이 좋은 것 같습니다. 물론 학원에 보내는 부모들도 많지만, 다른 아이와 비교하면서 불안해하지 않아도 되는 점이 좋습니다. 학교는 아이들 각자의 개성과 고유의 능력을 발견할 수 있도록 도와줍니다. 또 상대평가

를 하지 않기 때문에 아이들도 친구들과 경쟁하지 않습니다. 국제학교는 왕따 문제라든지 학교 폭력이 발생하지 않아서 좋은 것 같습니다.

Q. 제주 생활에 단점이 있다면 무엇이 있을까요?

A. 섬이라 이동에도 제한이 생기고 날씨의 영향을 많이 받게 되는 것 같습니다. 그런데 아이가 학교에 적응을 잘하고 너무 좋아해서, 아이만 제주에 두고 서울로 가려고 합니다. 중학생이라 제 도움이 그다지 필요하지 않기도 하고, 기숙사 생활을 통해 단체 생활도 배우기를 원합니다. 기숙사는 규율이 매우 엄격하고, 학생들 멘탈 관리와 숙제를 도와주는 사감 선생님도 있어서 안심이 됩니다. 기숙사 시설도 쾌적하고 좋아서 생활에 무리가 없어보였습니다.

Q. 제주 국제학교 학부모님들의 성향이나 관계에 대해 궁금합니다.

A. 처음에는 학부모들과 어떻게 지내야 할지 조심스럽고 걱정이 되었습니다. 교육도시 자체가 좁기도 하고 괜히 학부모들과 잘 못 지내면 우리 아이한테까지 영향이 있지 않을까 노심초사했습니다. 하지만 입학할 때 새로 온 분들이 많아서 함께 도와가며 잘 적응할 수 있기도 했고, 아이들은 아이들대로 각자 잘 지내고 있습니다. 학부모의 친분이 아이들의 친구 관계를 만들어주는 것이 아니었습니다.

Q. 자녀의 진로나 학업에 대한 향후 계획이 궁금합니다.

A. 저희 가족은 사업을 하고 있어서, 아이가 영어를 잘 배우고 즐겁게 공

부해서 한국 대학으로 진학하기를 원하고 있습니다. 한국의 문화를 잘 이해하고, 인적 네트워크를 형성하는 것이 중요한 자산이라고 생각하고 있습니다. 국제학교를 졸업하면 영어를 잘하고 글로벌 마인드도 배울 수 있고, 한국에 있는 대학을 졸업하면 시너지가 나지 않을까 생각합니다.

Q. 학부모님의 개인적인 삶에 대한 만족도는 어떤가요?

A. 아이가 행복하니 저도 행복하기는 합니다. 그런데 제주의 단조로운 생활과 제한적인 인간관계는 시간이 갈수록 힘들어지긴 합니다. 개인적으로는 도시의 삶이 그립기는 하지만 아이가 지금 누리는 행복과 성장할 미래를 생각하면 대체로 만족스럽습니다.

한 권으로 끝내는
제주국제학교
완벽 가이드